2022 개정 수학 교과를 대비하는
스토리텔링 수학 교과서!

양치기 소년은
연산을 못한대

초등 1·2학년 수학동화 시리즈 ❸
양치기 소년은 연산을 못한대(개정판)

4판 2쇄 발행 2024년 9월 11일

글쓴이 　박영란
그린이 　허구
수학놀이 　한지연

펴낸이 　이경민
펴낸곳 　㈜동아엠앤비
출판등록 　2014년 3월 28일(제25100-2014-000025호)
주소 　(03972) 서울특별시 마포구 월드컵북로 22길 21, 2층
전화 　(편집) 02-392-6901 (마케팅) 02-392-6900
팩스 　02-392-6902
전자우편 　damnb0401@naver.com
SNS 　

ⓒ 박영란, 허구

ISBN 979-11-6363-753-0 (74410)

1. 책 가격은 뒤표지에 있습니다.
2. 잘못된 책은 구입한 곳에서 바꿔 드립니다.

도서출판 뭉치는 ㈜동아엠앤비의 어린이 출판 브랜드로, 아이들의 지식을 단단하게 만들어 주고, 아이들의 창의력과 사고력을 키워 주어 우리 자녀들이 융합형 사고뭉치와 창의뭉치로 성장할 수 있도록 좋은 책을 만들겠습니다.

추천사

    수학이 재미있는 이야기로 꾸며진다면 어떨까요? 매일 동화책을 읽듯이 수학 공부를 하면 참 재미있을 거예요.

    사람들은 대부분 '수학' 하면 더하기, 빼기, 곱하기 같은 계산을 떠올리지만, 사실 수학은 우리들의 일상생활 속에서 시작되었어요. 아주 오랜 옛날부터 사람들은 물건을 세거나 계산해야 할 일이 생겨났거든요. 또 내가 기르는 양이 몇 마리인지, 수확한 사과가 몇 개인지 알아보려면 수가 필요했지요. 이렇게 해서 생겨난 것이 수학이랍니다.

    수학은 사람들의 호기심에서 시작되었기 때문에 수학에는 많은 이야기가 숨어 있어요. 사실 수학을 빼고 나면 "떡 하나 주면 안 잡아 먹지!"라고 하는 『해님 달님』 동화도 읽을 수 없고, "십리도 못 가서 발병 난다."고 하는 '아리랑' 노래도 부를 수 없어요. 피라미드의 높이를 잰 것도, 지구 둘레의 길이를 잴 수 있었던 것도 바로 수학이 있었기 때문이지요. 이야기 속에 어떤 수학이 숨어 있나 찾아보는 것도 즐거운 수학 공부가 될 수 있어요.

    이야기를 통해 수학을 배우면 배운 내용을 쉽게 그리고 오래 기억할 수 있어요. 지금보다 여러분이 더 어렸을 적

　엄마 아빠가 들려준 이야기처럼 말이지요. 이 책을 읽다 보면 가끔은 이해가 되지 않는 부분도 있을 거예요. 하지만 걱정하지 말고 그냥 지나쳐도 괜찮아요. 아직은 배우지 않았지만 곧 학교에서 배우게 될 거니까요. 그때 지금 읽었던 이야기가 여러분 머릿속에 번쩍하며 떠오를 겁니다.

　애완견 '와리'와 '이야기 속 주인공'들이 함께하는 재미있는 수학 탐험으로 여러분을 초대합니다.

　그동안 수학이 더하기, 빼기 같은 계산만 있다고 생각하였다면, 이젠 이야기 속 주인공들과 함께 수학이 어디에 쓰이는지, 수학이 왜 필요한지 이야기를 통해 자연스럽게 알게 될 거예요. 이 책을 읽는 어린이 여러분은 '혹부리 영감, 도깨비 방망이'와 동화 속 이야기가 그러하듯이 수학동화 시리즈 속의 이야기를 통해 자유롭게 상상하고 맘껏 즐기길 바랍니다. 수학은 여러분이 생각하는 것보다 훨씬 재미있고 흥미진진합니다. 그러다 보면 어느새 수학은 재미없는 계산 문제가 아니라 호기심 가득한 신 나는 '장난감'이 될 거예요.

서울노일초등학교 교사 김남준
(초등학교 1~2학년군 수학① 집필진, 전국수학교사모임 초등국 국장)

작가의 말

애완견 와리는 오늘도 '이상한 학교'에서 동화 주인공들을 만났어요.

거짓말쟁이 양치기 소년은 양이 몇 마리 없어졌는지 모르고, 빨간 모자는 늑대에게 빵을 빼앗겼어요. 그리고 치르치르와 미치르는 파랑새를 찾기 위해 진땀을 빼고, 소공녀 세라는 빨아 놓은 옷이 사라져 발을 동동 굴렀지요. 또 개미는 베짱이가 자기 콩을 훔쳐 갔다고 생각해요.

와리는 어려운 일에 처한 이상한 학교 친구들을 돕기 위해 주인 시우가 공부할 때면 옆에서 귀를 쫑긋 세우고 유심히 지켜보았어요. 그리고 마침내 1·2학년 수학 교과서에 나오는 묶음 세기, 수를 가르고 모으기, 받아올림과 받아내림의 원리를 알고 덧셈과 뺄셈 문제도 척척 풀 수 있게 되었지요.

사실 수학의 기본이 되는 '수'는 일상생활과 무척 가까워요. 수는 양 한 마리, 빵 열 개 같이 사물의 개수를 나타낼 때

도 필요하고, 크고 작음이나 순서, 위치 따위도 수로 말할 수 있어요. 또한 수학의 모든 계산은 덧셈과 뺄셈을 기본으로 해요. 계산을 편리하게 하기 위해 덧셈과 뺄셈이 생긴 거예요.

복잡한 덧셈이나 뺄셈 문제를 떠올리면 머리부터 아프다고요? 그건 셈을 하는 원리는 제쳐 두고 문제만 풀었기 때문일 거예요. 와리처럼 덧셈과 뺄셈의 원리를 잘 알고 연습을 되풀이한다면 복잡한 계산 문제도 뚝딱 해결할 수 있어요.

가끔은 귀찮고 힘들 때도 있지만 와리는 동화 주인공들과 노는 게 무척 좋은가 봐요. 알지 못했던 수학의 개념과 원리도 쏙쏙 이해되고, 생각하지도 못한 많은 경험도 하니까요. '이상한 학교'에서 지내는 시간이 와리에게는 물론 여러분에게도 즐겁고 신 나는 시간이 되길 바랍니다.

어린이책 작가 박영란

엄마를 위한 새 수학 교과서 소개

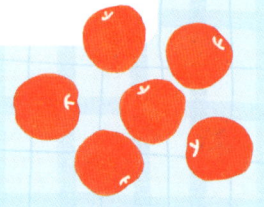

예전의 수학 교과서는 공식과 문제 풀이 위주의 딱딱한 내용들로 가득 차 있었습니다. 하지만 아이들이 이렇게 수학을 공부하면 금세 흥미를 잃고 배운 내용도 잊어버리고 말지요. 그래서 2012년 1월, 교육과학기술부에서는 수학 교과서의 구성을 스토리텔링으로 바꾸겠다고 발표했습니다.

스토리텔링 수학은 수학 내용과 관련 있는 소재와 상황 등을 동화로 꾸며 쉽고 재미있게 배우는 수학 학습법입니다. 또한 2015 개정 교육과정이 적용된 수학 교과서는 형식은 스토리텔링 수학을, 내용에서는 실생활 연계 통합교과형(STEAM) 수학을 보여주었습니다. 또한 학습 내용을 기존 교과서보다 20%나 줄이고 쉽게 조정하는 대신 다양한 교구를 활용한 활동을 늘렸습니다. 수학을 놀이처럼 즐기면서 자연스럽게 수학 학습을 할 수 있도록 하였습니다.

한편 2022 개정 교육과정에서 초중등 수학의 목표는 '초등과 중등의 연계성 강화'입니다. 이를 위해 교과 영역을 통합하고 과정을 간소화합니다. 즉 크게 수와 연산, 변화와 관계, 도형과 측정, 자료와 가능성 등 4개 영역으로 통합하였습니다.

　그렇지만 여전히 단원 시작은 스토리텔링을 통해 학생들의 호기심과 흥미를 유발합니다. 또한 수학 교과서가 검정으로 바뀐 뒤 학교마다 다른 교과서를 사용하지만 학년별로 알아야 할 수학 성취 기준 내용은 공통입니다.

　〈초등 1·2학년 수학동화〉 시리즈는 이러한 수학 교육의 변화에 맞춘 학습 동화입니다. 아이들에게 익숙한 명작 동화와 전래 동화 이야기로 학습 내용을 구성하여 자연스럽게 수학 지식을 익히도록 하였습니다. 책 속 부록인 〈개념이 쏙쏙 들어오는 엄마표 수학 놀이〉는 교과서에 첨가된 체험 및 놀이 영역을 반영하여 가정에서 부모님이 아이들과 함께 재미있는 놀이로 책을 통해 배운 내용을 복습할 수 있게 구성되어 있습니다.

　전래 동화와 명작 동화 속 주인공들이 펼치는 신 나는 모험 이야기를 따라가다 보면 아이들은 어느새 새로운 수학 개념과 문제 해결 방법을 깨닫게 되는 경험을 하게 될 것입니다.

편집부

명작동화도 함께 읽어 보세요

『양치기 소년과 늑대』는 『이솝우화』에 나오는 이야기예요. 혼자 양 떼를 돌보던 양치기 소년이 심심해서 "늑대가 나타났다"며 소리쳤어요. 부랴부랴 달려오는 사람들의 모습이 재밌었거든요. 마을 사람들은 거짓말이라는 걸 알고 화를 내며 돌아갔어요. 어느 날 진짜 늑대가 나타났어요. 다급해진 양치기 소년은 늑대가 나타났다고 고래고래 소리쳤지만 아무도 도와주러 오지 않았어요. 마을 사람들은 양치기 소년의 말을 더 이상 믿지 않게 된 거예요.

『빨간 모자』는 그림형제의 동화집에 실린 이야기예요. 빨간 모자가 아픈 할머니께 음식을 가져다 드리러 가요. 할머니 집으로 곧장 가라고 엄마가 신신당부했지만 빨간 모자는 도중에 늑대의 꾐에 빠져 할머니께 드릴 꽃을 꺾고, 그 사이 앞질러 간 늑대가 할머니를 한입에 삼켰어요. 늑대는 할머니로 변장까지 해 빨간 모자도 꿀꺽 먹어 버리고 쿨쿨 잠들었어요. 하지만 다행히 지나가던 사냥꾼이 늑대의 배를 갈라 할머니와 빨간 모자를 구해 주었답니다.

『파랑새』는 벨기에의 작가 모리스 마테를링크의 동화극이에요. 크리스마스 전날 밤, 나무꾼의 두 어린 남매 치르치르와

미치르를 찾아온 요술쟁이 할머니가 파랑새를 찾아 달라고 해요. 이에 치르치르와 미치르는 '추억의 나라', '밤의 궁전', '달밤의 묘지' 등을 돌아다녔지만 파랑새는 찾지 못했어요. 그런데 이 모든 게 꿈이었어요. 꿈을 깨고 보니 집에서 기르는 비둘기가 파랗다는 것을 깨닫지요. 행복은 가까이에 있다는 주제를 담고 있어요.

『소공녀』는 미국의 작가 프랜시스 버넷의 소설로 1888년에 출간되었어요. 세라는 부잣집 딸로, 기숙학교인 민친 여학교에 입학해 학교에서 특별 대우를 받았어요. 그러나 아버지의 갑작스런 죽음으로 쥐가 들끓는 학교 다락방에서 지내는 하녀 신세가 되었지요. 비참한 상황에서도 상냥함을 잃지 않은 세라는 어느 날 우연히 아버지의 친구를 만나 유산을 상속받고 행복한 삶을 시작하게 되었답니다.

『개미와 베짱이』는 부지런한 개미와 게으른 베짱이의 이야기예요. 무더운 여름, 개미는 추운 겨울을 대비하기 위해 열심히 먹이를 모았어요. 하지만 베짱이는 그늘에 누워서 노래만 불렀어요. 겨울이 와 춥고 먹을 것이 없어지자 베짱이는 여름에 놀기만 한 것을 후회했어요. 『이솝우화』에 실린 이야기로 열심히 노력하며 살아야 한다는 지혜를 담고 있어요.

이상한 학교 친구들을 소개합니다

시유 엄마한테 혼나면서
덧셈, 뺄셈 공부를 할 때마다
와리는 내 옆에서 졸아.
난 공부하는데 자긴 잠만 자고.
우쒸!

와리 이상한 학교가 신 나고
재밌지만, 가끔 귀찮은 일에
휘말리기도 해. 특히 양치기 소년을
만나고부터는 한시도 마음을 놓을
수 없어. 녀석이 무슨 일이든 내가
해결해 줄 거라고 떠벌리고 다니거든.
으익! 자꾸 이러면 곤란하다구.

양치기 소년 늑대가 나타났다고 몇 번 장난을
쳤더니 거짓말쟁이라며 아무도 나와 놀아 주지
않았어. 그런데 요즘 친구가 하나둘씩 생기고 있어.
와리랑 이상한 학교 친구들을 도와 줬기 때문이야.
앞으로도 와리 옆에 꼭 붙어 다닐 거야.

늑대 빨간 모자의 빵을 뺏어 먹는 건 식은 죽 먹기야. 빨간 모자는 셈을 전혀 못 하거든. 빨간 모자는 모자로 멋만 부릴 줄 알았지, 자기 모자가 모두 몇 개인지도 모를걸. 크, 크, 크!

빨간 모자 할머니에게 빵을 갖다 드려야 하는데 날마다 늑대한테 뺏겨. 늑대가 엄청 어려운 문제를 내거든. 심부름 하나 제대로 못한다고 또 엄마한테 혼날 텐데 어떡해!

치르치르 파랑새 찾는 게 너무 힘들어. 한 손에는 새장을 들어야지, 다른 손으로는 미치르 손을 잡아야지. 파랑새 10마리를 모두 찾아서 옆집 할머니의 소원을 이뤄 드릴 수 있을까?

미치르 파랑새를 오늘까지 못 잡으면 내 소원도 이룰 수 없을 거야. 내 소원이 뭐냐고? 비밀인데, 그건 바로 친절하고 다정한 치르치르 오빠가 행복해지는 거야.

세라 민친 교장 선생님이 우리 아빠가 돌아가셨다며 앞으로는 학교의 하녀로 지내래. 우리 아빠가 정말 돌아가셨을까? 믿어지지가 않아. 게다가 학생들 교복과 모자를 잃어버려서 정신이 하나도 없어. 교장 선생님이 돌아오기 전에 모두 찾아야 해.

개미 정말이지 베짱이를 이해할 수 없어. 만날 놀기만 하다 겨울에 찾아와서는 먹을 걸 나눠 달래. 하지만 올해 겨울에는 절대로 안 주겠다고 했어. 그랬더니 베짱이 녀석이 내 콩을 몰래 훔친 것 같아. 내가 뜨거운 햇볕 아래서 힘들게 모은 건데 말이야!

차례

추천사 4

작가의 말 6

엄마를 위한 새 수학 교과서 소개 8

명작동화 및 등장인물 소개 10

이야기 하나

양치기 소년은 수를 못 센대 18 ┄▶ 10씩 묶어 100까지의 수 세기

이야기 둘

숲 속으로 심부름을 간 빨간 모자 34 ┄▶ 10을 두 수로 가르고 10이 되게 두 수를 모으기

이야기 셋

파랑새를 찾아라! 50 ┄▶ 한 자리 수의 덧셈과 뺄셈

이야기 넷

다락방 소녀 세라를 도와 주다 **66** ▶ 받아올림이 있는 덧셈

이야기 다섯

베짱이가 개미의 콩을 훔쳤다고? **84** ▶ 두 자리 수의 덧셈과 뺄셈

● 책 속 부록 ●
개념이 쏙쏙 들어오는 엄마표 수학놀이 104
▶ 홈스쿨링 전문가 중현맘이 추천하는 수학놀이로 개념과 원리를 다져요!

수학놀이 1 10이 되게 짝꿍을 찾아 줘!
수학놀이 2 쉿! 잘 기억해야 해!
수학놀이 3 다람쥐야, 내가 세어 줄게
수학놀이 4 덧셈, 이리 와. 나랑 놀자!
수학놀이 5 누가누가 더 클까?
수학놀이 6 두 수의 차는?

"왜 그래? 어디 아파?"

아침부터 울상이 된 양치기 소년을 보고 깜짝 놀랐다. 양치기 소년은 며칠 전부터 '이상한 학교'에 다니는 녀석이다. 늘 헤헤거리며 웃는 얼굴로 내게 먼저 인사를 건넨다. 나도 양치기 소년이 싫지 않아서 이상한 학교에 잘 적응할 수 있도록 도와 주었다. 그랬더니 내 옆에 찰싹 붙어 졸졸 따라다닌다. 하긴 나 말고는 양치기 소년과 말하는 아이가 거의 없었다. 왜 그런지는 알 수 없었지만…….

"아픈 게 아니라, 양이 없어져서 그래. 어제 양을 치는데 늑대가 나타났거든. 도와 달라고 고래고래 소리를 질렀는데도 마을 사람들이 아무도 오지 않았어. 그래서 양을 잃어버렸는데 그게 몇 마리인지 모르겠어."

양치기 소년은 입을 삐죽 내밀고 툴툴거렸다.
"진짜 무서웠겠다. 그런데 사람들이 왜 안 온 거야? 양이 모두 몇 마리였는데? 남은 양을 세어 보면 몇 마리가 없어졌는지 알 수 있잖아."

나는 양치기 소년의 말에 화들짝 놀라 질문을 한꺼번에 쏟아부었다.

"사람들이 왜 안 왔는지 나야 모르지. 양은 모두 100마리였어. 그런데 지금은 몇 마리인지 몰라. 늑대가 가고 나서 세려고

했는데 양들이 자꾸만 이리 뛰고 저리 뛰어서 셀 수가 없었거든."

"작은 울타리를 만들어서 세면 쉬운데."

"작은 울타리? 그걸 왜 만들어?"

"양이 가만히 있지 않으니까 그렇지. 다 똑같이 생겨서 어떤 양을 세고, 어떤 양을 세지 않았는지 모르잖아."

"내 말이. 그래서 세다가 그만뒀다니까. 다행히 주인아저씨는 몰라. 말을 안 했거든."

"말 안 해도 괜찮아?"

100

나는 양치기소년이 걱정스러웠다.

그런데 양치기 소년은 뜻밖의 대답을 했다.

"뭐, 주인아저씨도 양이 모두 몇 마리인지는 모를 거야. 나도 셀 수 없는데, 주인아저씨라고 셀 수 있겠어?"

양치기 소년은 어깨를 으쓱하더니 아무렇지도 않게 말했다.

"그건 거짓말이잖아!"

"그게 무슨 거짓말이야. 그냥 말을 안 하는 것뿐이지."

그때였다. 처음 보는 낯선 아이가 불쑥 다가와 양치기 소년에게 말했다.

"야, 오늘 아빠가 양이 100마리 다 있는지 확인한다고 저녁에 목장에서 보재."

낯선 아이는 양치기 소년을 아래위로 훑어보더니 자리를 떠났다.

"쟤 누구야?"

"목장집 아들이야. 큰일 났다. 주인아저씨가 양이 모두 몇 마리인지 확인한대. 어떡해! 어떡해!"

양치기 소년은 발을 동동 굴렀다.

"와리야, 나 좀 도와 줘. 그럼 양젖 실컷 먹게 해 줄게. 너 양젖 맛있다고 했잖아. 우리, 목장에 갔다 오자. 응?"

양젖이라는 말에 나는 생각이 복잡해졌다. 지난번에 양치기 소년이 양젖을 가져온 적이 있었다. 나한테는 딱 한 모금만 주고 자기가 다 마셨지만. 어쨌든 한 모금 맛본 양젖은 무척 달고 고소했다. 나도 모르게 침이 꼴깍 넘어갔다.

"그래, 좋아. 양젖이 먹고 싶어서가 아니야. 마을 사람들이 도와주지 않는다니까 마음에 걸려서 그래. 나 말고는 친구도 없는 것 같고. 그래서 같이 가는 거야. 알았지!"

"응, 알았어. 얼른 가자."

양치기 소년은 박수까지 치며 좋아했다. 그런 녀석에게 양젖 때문에 가는 거라고 솔직히 말할 수는 없었다.

목장에 다다르자 양치기 소년은 빨리 양을 세어 보라며 재촉했다.

"으이구, 그냥 무턱대고 세면 또 헷갈릴 거야. 울타리를 만들어서 양을 10마리씩 넣은 다음에 세면 금방 셀 수 있다고. 끈 있지?

아무 끈이나 가져올 수 있는 만큼 다 가져와."

내 말에 양치기 소년은 후다닥 창고로 뛰어가더니 돌돌 말린 두툼한 끈 뭉치를 들고 나왔다. 우리는 양이 있는 커다란 울타리로 들어갔다.

"자, 여기 기둥에서 저 기둥까지 끈을 연결해. 저쪽 기둥이랑 이쪽 기둥도. 양이 넘어올 수 없도록 위에서 아래로 여러 번 쳐야 해."

양치기 소년은 고분고분 내가 시키는 대로 했다. 양치기 소년이 울타리 가운데에 있는 기둥마다 끈을 이어 묶자, 울타리 안이 여러 개의 작은 칸들로 나눠졌다.

"와! 네 말처럼 하니까, 작은 울타리가 여러 개 생겼다. 이제 어떻게 하면 돼?"

양치기 소년은 신이 나는지 목소리가 조금 들떠 있었다.

"작은 울타리 한 칸에 양 10마리를 넣으면 돼."

"양 모는 건 나한테 맡겨 둬. 내가 누구야. 양치기잖아."

녀석은 거들먹거리며 막대기로 양을 몰았다.

"하나, 둘, 셋, 넷……."

작은 울타리 안으로 양 10마리가 모두 들어갔다. 그러자 양치기 소년이 다시 내 얼굴을 쳐다봤다.

"한 칸에 양 10마리씩 두 칸 더 채워 봐."

"응. 하나, 둘, 셋, 넷······."

양치기 소년은 작은 울타리 두 칸에 양을 10마리씩 더 몰아넣었다.

"자, 그럼 작은 울타리 세 개 안에 있는 양이 모두 몇 마리지?"

"어? 모두 몇 마리냐면 하나, 둘, 셋, 넷······."

양치기 소년은 첫 번째 울타리 안에 있는 양을 한 마리씩 세더니 이어서 가운데 울타리 안의 양을 세기 시작했다.

"열하나, 열둘, 열셋, 열넷······. 으으, 이 양을 셌는지 안 셌는지 모르겠어. 처음부터 다시 세야겠다."

양치기 소년은 다시 첫 번째 울타리 안의 양부터 셌다.

"하나, 둘, 셋, 넷······. 아이, 아까는 가만히 있더니 왜 자꾸 움직이는 거야."

"어휴! 답답해. 왜 또 1부터 세는 거야? 양을 10마리씩 모아 두었으니까 10씩 묶어서 세면 되잖아. 넌 묶어 세기도 모르냐?"

손가락까지 꼽으며 양을 세던 양치기 소년이 멀뚱거리며 나를 쳐다봤다. 나는 양치기 소년이 들고 있던 막대기를 빼앗아 바닥에 숫자를 써 가며 설명했다.

1	2	3	4	5	6	7	8	9	10
11	12	13	14	15	16	17	18	19	20
21	22	23	24	25	26	27	28	29	30
31	32	33	34	35	36	37	38	39	40
41	42	43	44	45	46	47	48	49	50
51	52	53	54	55	56	57	58	59	60
61	62	63	64	65	66	67	68	69	70
71	72	73	74	75	76	77	78	79	80
81	82	83	84	85	86	87	88	89	90
91	92	93	94	95	96	97	98	99	100

"잘 봐. 첫 번째 작은 울타리에 10마리, 다음 울타리에 10마리면 10씩 두 번 뛰어 세서 모두 20마리야. 다음 울타리에 또 10마리를 넣으면 한 번 더 뛰어 세서 30마리가 되는 거고."

양치기 소년은 눈이 휘둥그레졌다.

"우와! 1부터 하나하나 세지 않고 10씩 뛰어서 금방 수를 세다니, 와리 너 진짜 똑똑하다."

양치기 소년의 칭찬에 나는 어깨를 으쓱거렸다.

"뭐, 이 정도쯤이야. 나한테는 아주 쉬운 문제지."

내가 덤덤하게 말하자 양치기 소년은 나를 우러러보는 눈빛으로 보았다.

'내가 많이 도와 줬으니 일이 끝나면 양젖을 듬뿍 먹을 수 있겠지? 으흐흐흐.'

"뭐해? 계속 양을 10마리씩 넣어야지. 나중에 10마리가 안 되게 남았을 때 몇 마리인지 세어 보면 돼. 자, 여기에 10마리가 또 들어갔으니까 지금까지 작은 울타리 안에 들어간 양은 모두 몇 마리지?"

나는 선생님이 된 기분으로 양치기 소년에게 물었다.

"음, 10씩 네 번 뛰어 세기를 해서 10, 20, 30, 40이니까, 모두 40마리다."

"맞았습니다. 잘했어요."
"으하하하!"

양치기 소년은 이를 모두 드러내며 기분 좋게 웃었다. 다시 서둘러 작은 울타리에 양을 10마리씩 넣었다.

"자, 아홉 번째 울타리에 양을 10마리 넣었으니까 모두 몇 마리지?"

"10, 20, 30, 40, 50, 60, 70, 80, 90. 모두 90마리!"

양치기 소년은 내 말이 끝나기 무섭게 큰 소리로 대답했다. 이제 10씩 뛰어 세기도 척척이었다.

"정답! 이제 얼마 안 남은 것 같다. 남은 양을 세면 되겠어."

양치기 소년은 남은 양을 한 마리씩 세기 시작했다.

"하나, 둘, 셋, 넷, ……, 아홉, 열. 어? 딱 10마리야. 한 마리도 없어지지 않았어. 100마리 모두 있다고."

양치기 소년은 펄쩍펄쩍 뛰며 무척 좋아했다. 그 모습을 보니 내

마음도 뿌듯했다.

"이제 됐지?"

"응. 그래. 와리 넌 그만 가."

양치기 소년의 말에 나는 어안이 벙벙했다.

"그냥 가라고? 양젖은?"

"나 아직 양젖 짤 줄 모르는데? 그리고 이 양들은 우리 집 양도 아니라서 함부로 짤 수도 없어."

양치기 소년의 말에 나는 화가 났다.

"그럼 거짓말한 거야?"

"거짓말이라니! 너, 양젖 먹고 싶어서 도와 주는 거 아니라며. 아니야? 아니야?"

오히려 양치기 소년이 앙칼지게 쏘아붙였다. 나는 온몸에 힘이 쏙 빠졌다. 더 이상 양치기 소년과 실랑이하고 싶지 않았다.

"다시는 너하고 말 안 해."

나는 씩씩거리며 언덕을 내려왔다.

'양치기 소년! 네가 왜 친구가 없는지 알겠다. 너 같은 거짓말쟁이랑은 다신 안 놀아! 흥!"

집에 돌아오니 배가 너무 고팠어. 시우가 반가웠지만 너무 지쳐 꼬리도 까딱할 수 없을 정도였지. 난 시우가 밥그릇에 담아 준 사료를 유심히 보았어. 사료 알갱이가 10개씩 7묶음이니까 10, 20, 30, 40, 50, 60, 70으로 뛰어 세서 70개고, 나머지 낱개가 1개, 2개, 3개니까 모두 73개였어. 나는 허겁지겁 사료를 먹으며 생각했지.

'시우야, 역시 네가 최고 좋은 친구야! 밥도 주고 거짓말도 안 하니까!'

10씩 묶어 세기와 낱개 세기

10씩 묶어 세기를 하면 물건의 수가 많아도 빠르고 편리하게 셀 수 있어.
만약 밥그릇에 가득 든 사료가 몇 개인지 알고 싶으면 먼저 사료 알갱이를 10개씩 묶는 거야. 10개씩 묶은 묶음이 몇 개인지 세고, 나머지 낱개를 세면 모두 몇 개인지 금방 알 수 있지.
예를 들어 사료가 10개씩 5묶음이고, 나머지 낱개가 7개라면 모두 57개가 되는 거야.

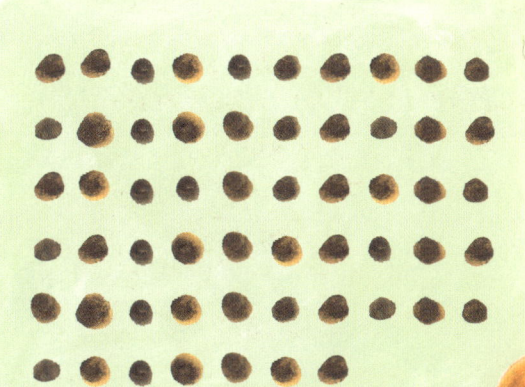

"우하하하! 어서 와, 친구!"

이상한 학교에 들어서자 양치기 소년이 나를 와락 끌어안았다. 거짓말만 늘어놓으면서 친구라니, 기가 막혔다.

"흑흑, 흑흑."

그때 어디선가 우는 소리가 들렸다. 누군가 하고 봤더니 빨간색 모자를 쓴 소녀가 눈에 들어왔다. 그렇다면 '빨간 모자'가 틀림없다. 이름은 잘 모르지만 늘 빨간색 모자를 쓰고 다녀, 모두 빨간 모자라고 불렀다. 어떤 날은 야구 모자, 어떤 날은 챙이 넓은 모자, 어떤 날은 머릿수건 같은 모자를 썼지만 색깔만은 꼭 빨간색이었다. 무슨 일이 있는지 울음소리가 무척 슬프게 들렸다.

나는 내 옆에 찰싹 달라붙어 조잘대는 양치기 소년을 모른 척하려고 빨간 모자에게 다정하게 물었다.

"빨간 모자야, 왜 울어?"

빨간 모자가 천천히 고개를 들었다. 얼굴은 눈물범벅이고 눈은 퉁퉁 부어 있었다. 무슨 큰일이 난 것 같았다.

'아이쿠, 괜히 말 시켰다. 난 골치 아픈 거 싫은데.'

"빨간 모자야, 와리가 묻잖아. 왜 그렇게 우는데?"

내가 이러지도 저러지도 못하고 있는데 양치기 소년이 불쑥 끼어들었다.
 나는 얼굴을 찡그리며 양치기 소년을 봤다. 이럴 때 아무 소리도 하지 않으면 좋으련만.
 "훌쩍, 훌쩍! 있잖아, 사실은……. 우리 할머니가 숲 속에 사시는데, 몸이 불편하셔. 그래서 날마다 엄마가 빵을 만들어 주면 난 그걸 할머니께 갖다 드려. 그런데 며칠째 빵을 갖다 드리지 못했어."

"왜? 엄마가 빵을 안 만들어 주셔?"

"그게 아니라, 며칠 동안 숲에 들어서기만 하면 늑대가 나타나서 내 앞을 가로막아. 그러고는……."

빨간 모자는 말을 하다 말고 고개를 푹 숙였다. 나는 조금씩 답답해졌다.

"늑대가 너한테 해코지를 한 거야?"

양치기 소년도 답답했는지 빨간 모자에게 바짝 다가앉으며 물었다. 그러자 빨간 모자가 고개를 가로 저었다. 왜 한꺼번에 다 말하지 않는지, 원.

"어휴, 답답해. 빨리 말해 봐. 그럼 왜 그러는데?"

"늑대가 빵 몇 개를 뺏어 가. 빵을 뺏어 가면서 자기를 다시 만나면 처음에 몇 개의 빵을 가져갔는지 맞혀야 한대. 하지만 난 한 번도 못 맞혔어. 그러면 남은 빵도 다 가져가 버려. 으앙!"

"난 또 뭐라고. 그런 일은 걱정 마. 와리가 있잖아. 와리가 셈을 얼마나 잘하는데. 천재라고, 천재!"

'훗, 천재라니. 입만 열면 거짓말하는 양치기 소년도 가끔은 바른 말을 하는군.'

나도 모르게 입가에 미소가 번졌다. 그래도 숲까지 가는 게 귀찮아 나는 설레설레 도리질을 쳤다. 기대에 차서 나를 보던 빨간 모자는 다시 고개를 푹 숙이고는 흐느껴 울었다.

"와리 넌 빨간 모자가 불쌍하지도 않아? 우리가 도와주자."

"와리야, 부탁해. 내가 빵도 줄게. 우리 엄마가 만드는 빵, 진짜로 크고 맛있어."

결국 빨간 모자를 도와 주기로 했다. 안 그러면 빨간 모자가 하루 종일 울 것 같았다.

"그럼 이따가 숲에서 만나. 나는 집에 가서 빵 가져올게."

빨간 모자는 언제 울었냐는 듯 환하게 웃으며 집으로 갔다.

조금 뒤, 양치기 소년과 나는 빨간 모자와 만나기로 한 숲으로 갔다. 빨간 모자는 이미 와 있었다. 커다란 바구니에 담긴 빵이 아주 맛있어 보였다. 나는 재빨리 빵의 개수를 셌다. 모두 10개였다.

"먼저 할머니한테 갖다 드리고 오면, 엄마가 너 줄 빵도 만들어 주신대."

빨간 모자가 침을 꼴깍 삼키는 나를 보며 말했다.

"응? 난 안 먹어도 괜찮아. 할머니가 아프다고 해서 같이 가는 거야."

양치기 소년이 나를 보고 피식 웃었다. 지난번에 목장에 갔을 때도 내가 비슷한 말을 했던 게 떠올라 조금 멋쩍었다.

"크! 크! 크! 오늘도 빵 냄새가 고소하군."

빨간 모자를 따라 한참을 걸어가니 사납게 생긴 늑대가 갑자기 나타나 우리 앞에 떡하니 버티고 섰다.

"자, 바구니를 내놔! 내가 몇 개 가져갔는지 맞히면 돌려주지."

늑대는 뒤돌아서서 빵 몇 개를 챙기더니 재빨리 숲 속으로 몸을 숨겼다. 워낙 순식간에 일어난 일이라 우리는 늑대가 사라지고 나서야 빵을 뺏긴 걸 알았다.

"뭐야, 지금 무슨 일이 있었던 거 맞지?"

양치기 소년은 어이없는 낯빛이었다.

황당하기는 나도 마찬가지였다.

"저 늑대는 언제 다시 오는 거야?"

"이 길이 끝날 때쯤 갑자기 또 나타나."

나는 고개를 끄덕이며 바구니 안을 살폈다. 우리는 서둘러 숲길을 걸어갔다. 빨간 모자의 말처럼 숲길이 거의 끝날 때쯤 갑자기 늑대가 다시 나타났다.

"자, 내가 아까 몇 개를 가져갔지?"

늑대는 다짜고짜 문제부터 냈다. 빨간 모자와 양치기 소년은 멀뚱멀뚱 내 얼굴만 바라보았다.

"몇 개긴, 몇 개야. 7개지."
내 말에 늑대의 얼굴이 붉으락푸르락해졌다.
"헉! 어떻게 안 거야? 어떻게 7개인 줄 알았지?"
"그건 알 거 없고. 빵이나 돌려줘."
나는 늑대에게 성큼 다가서며 손을 내밀었다. 늑대는 혀를 쭉 내밀며 마지못해 빵을 돌려줬다. 그리고는 다시 보게 될 거라는 말을 남기고 숲 속으로 사라졌다.
"어떻게 된 거야? 어떻게 알았어?"
그때까지 아무 말도 못하고 있던 양치기 소년이 호들갑을 떨었다.

 바로 그때 멀리서 할머니가 반가운 목소리로 빨간 모자를 불렀다. 빨간 모자가 할머니에게 빵을 드리자, 할머니는 방금 딴 사과 10개를 바구니에 넣어 주셨다. 우리는 다시 집으로 향했다.
 "아까 어떻게 알았냐니까?"
 궁금한 걸 겨우 참았다는 듯 양치기 소년이 다그치며 물었다.
 "간단해. 10을 두 수로 가르거나 10이 되게 두 수를 모아 보면 쉽게 알 수 있어. 10은 1과 9, 2와 8, 3과 7, 4와 6,

5와 5로 가를 수 있잖아. 또 5와 5, 4와 6, 3과 7, 2와 8, 1과 9를 모으면 10이 되고."

빨간 모자와 양치기 소년은 내 실력에 깜짝 놀라는 눈치였다.

"처음에 바구니에 들었던 빵이 모두 10개였잖아. 그런데 늑대가 빵을 가지고 간 다음에 3개가 남아 있었잖아. 그러니까 늑대가 가져간 빵은?"

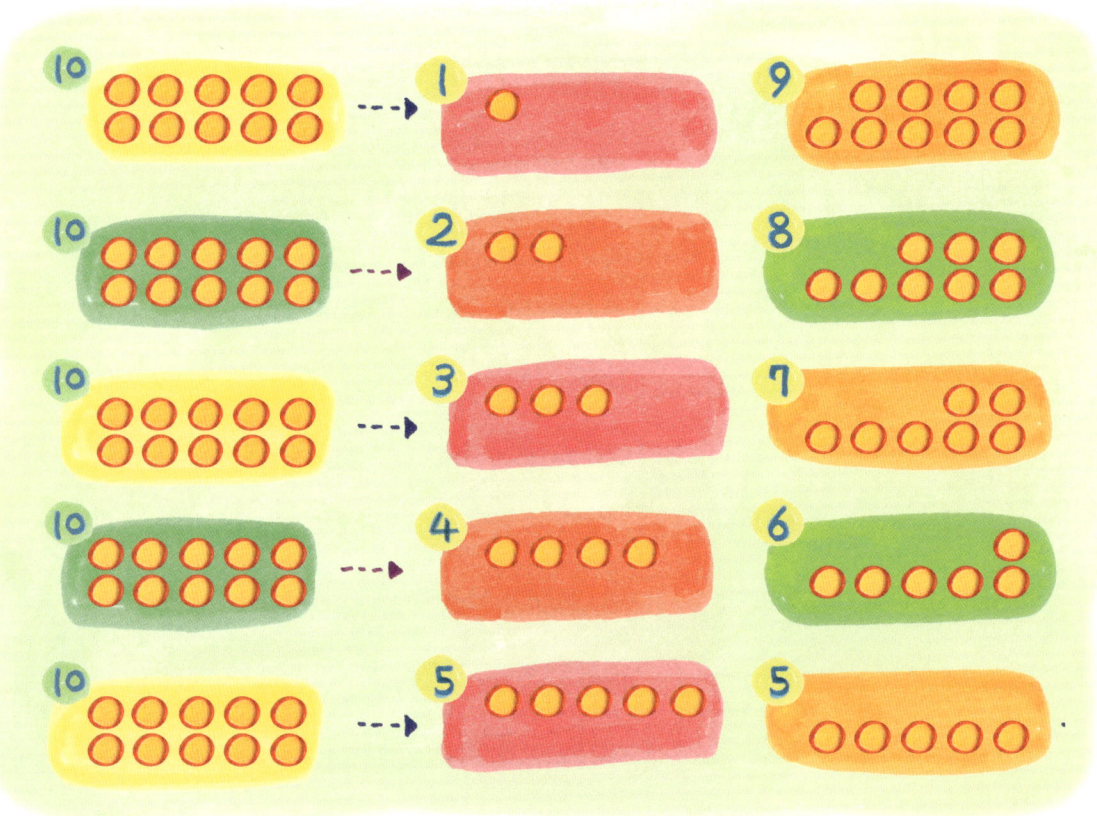

"7개야!"
갑자기 빨간 모자가 큰소리로 말했다.
"그래, 맞아."
나는 빨간 모자를 웃으며 쳐다봤다.
"만약 빵이 2개 남아 있었다면……."

"8개야!"

이번에는 양치기 소년이 소리쳤다.

"맞았어. 별로 어렵지 않지? 10을 두 수로 가르거나 10이 되게 두 수를 모으는 연습을 하면 금방 외워져."

양치기 소년과 빨간 모자는 이제 수를 가르거나 모으는 건 충분히 알겠다고 했다. 그때였다.

"크, 크, 크! 새콤달콤한 사과 냄새가 코를 찌르는군. 이번에는 절대 맞힐 수 없을 거다."

또다시 나타난 늑대가 다짜고짜 바구니에서 사과를 꺼내

더니 사라졌다. 하지만 우리 중 누구도 걱정하지 않았다. 할머니가 처음에 주신 사과가 10개였는데, 지금 바구니에는 4개뿐이었다. 예상대로 마을로 향하는 숲길이 끝날 때쯤 늑대가 다시 나타났다.

"자, 내가 사과 몇 개를 가져갔지?"

"6개!"

우리는 잠시의 망설임도 없이 다함께 큰소리로 대답했다. 늑대는 깜짝 놀라며 사과를 두두둑 떨어뜨리고 숲 속으로 도망쳤다.

"하! 하! 하! 호! 호! 호!"

허겁지겁 도망가는 늑대의 뒤꽁무니를 보니 절로 웃음이 나왔다.

"와리야, 고마워. 이제 늑대가 하나도 안 무서워. 다 네 덕분이야."

결국 빨간 모자네 엄마가 만든 빵은 못 먹었어. 시간이 너무 늦어 얼른 집으로 돌아와야 했거든. 쩝.

아무래도 오늘부터는 시우가 공부할 때마다 옆에서 훔쳐봐야겠어. 양치기 소년 때문에 언제 또 귀찮은 일에 휘말리게 될지 모르니까. 그런데 시우 애는 팽팽 놀고만 있네.

"왈왈! 왈왈왈!(시우야! 그만 놀고 얼른 공부해!)"

10을 가르고, 10이 되게 모으기

10을 가르고 모으는 연습을 많이 하면 덧셈과 뺄셈을 잘할 수 있어. 다음 그림이 10이 되도록 주어진 모양을 그려 보고 덧셈식으로 나타낼 수 있겠지?

　　8+ ◯ =10

　　5+ ◯ =10

　　3+ ◯ =10

　　6+ ◯ =10

답 ▶ 1. 2, 2. 5, 3. 7, 4. 4

이야기 셋

파랑새를 찾아라!

덧셈과 뺄셈

"치, 늦었다고 아침밥을 안 주냐."

시우는 늦게까지 쿨쿨 자더니 아침밥도 주지 않고 학교에 가 버렸다. 나는 주린 배를 감싸 쥐고 터덜터덜 이상한 학교로 갔다. 혹시 빨간 모자가 빵을 가져오지 않았을까 기대하며 걷는데 치르치르와 미치르 남매의 모습이 보였다. 언제나처럼 새장을 들고 있었다.

"안녕! 너희들 어디가?"

"뭐 좀 찾느라고. 오늘 안으로 꼭 찾아야 하거든."

뭔가 찾는다는 치르치르의 말에 귀가 솔깃했다. 내가 이래 봬도 물건 찾는 데는 도사니까. 코를 몇 번만 쿵쿵거리면 금세 물건을 찾는 내가 신기했던지 가끔 시우는 물건을 감춰 두고 찾아오게 시키기도 했다.

"와리야, 혹시 파랑새 본 적 있어? 넌 여기저기 돌아다니잖아."

"못 봤는데. 새장에 파랑새가 3마리나 있는데 또 찾아?"

내 말에 치르치르와 미치르

는 무척 실망한 낯빛이었다.

"파랑새가 모두 10마리 있어야 해. 10마리가 있어야 옆집에 사는 할머니의 소원을 이룰 수 있어. 오늘까지 파랑새를 모두 찾아

야 하는데 큰일이다……."

"나는 파랑새가 어디 있는지 아는데. 내가 양을 치는 목장 주변에 숲이 많거든. 거기에서 파랑새를 본 적 있어."

또 언제 엿들었는지 양치기 소년이 끼어들며 말했다.

"그래? 그럼 우리를 목장에 데려다 줄 수 있니? 부탁이야. 꼭 파랑새를 찾아야 하거든."

"뭐, 그건 어렵지 않아. 정 그러면 내가 데려가 줄게."

양치기 소년이 어깨를 으쓱거렸다. 마치 자기만 목장에 갈 수 있다는 듯 뻐기는 표정이었다.

"진짜? 고마워. 넌 진짜 착한 아이구나."

치르치르의 말에 양치기 소년이 고개를 빳빳이 세우고는 앞장서 갔다.

"잠깐! 나도 같이 가."

나는 치르치르와 미치르를 뒤따라갔다. 양치기 소년이 미덥지 않아 따라 나서기로 한 것이다.

"저기야. 다 왔어."

숲에 거의 이르자 치르치르가 갑자기 정신없이 뛰었다.

"얘들아, 저기 있어. 저기 파랑새가 있다고. 빨리 잡자!"

나와 양치기 소년, 그리고 미치르도 정신없이 들판을 뛰어다녔다. 하지만 파랑새는 쉽게 잡히지 않았다. 나무 위에 앉으면 너무 높아서 잡을 수 없었고, 들판에 앉으면 다가가기도 전에 날아가 버렸다. 한참을 이리저리 뛰어다닌 후에야 겨우 한 마리를 잡을 수 있었다. 내가 혀를 쭉 빼고 앉아서 쉬는데 치르치르의 목소리가 들렸다.

"잡았다! 잡았어!"

뒤를 돌아보니 치르치르가 새장 안에 파랑새 한 마리를 집어넣고 있었다.

"나도 잡았어. 여긴 파랑새가 많으니까 다 잡을 수 있을 거야."

그때였다. 미치르와 양치기 소년이 멀리서부터 큰 소리를 지르며 뛰어왔다.

"오빠, 파랑새 한 마리 잡았어."

"나도, 나도. 나도 한 마리 잡았어."

"잘했어. 와리랑 나도 방금 한 마리씩 잡았어."

그러고 보니 모두들 파랑새를 한 마리씩 잡은 거였다. 우리는 각자 잡은 파랑새를 보며 무척 좋아했다. 치르치르가 조심스럽게 파랑새를 받아 새장 안에 넣었다.

"그럼 모두 몇 마리가 된 거야?"
미치르가 새장 안을 이리저리 살펴보며 물었다.
"3마리가 있었는데, 우리가 4마리를 잡았으니까 7마리가 됐어."

3 + 4 = 7

"우와! 그럼 몇 마리 더 잡으면 돼?"
"이제 3마리만 더 잡으면 돼. 7에 3을 더하면 10이잖아."
치르치르가 미치르에게 천천히 설명했다.

7 + 3 = 10

"뛰어다녔더니 힘들다. 너희도 그렇지? 잠깐 쉬었다가 다시 잡자."

잠시 쉴 겸 우리는 들판에 앉았다.

"아, 내가 재미있는 거 보여 줄까?"

갑자기 양치기 소년이 벌떡 일어나더니 우리를 보고 엉큼한 표정을 지으며 씩 웃었다.

"잘 봐. 곧 마을 사람들이 허겁지겁 몰려올 거야. 킥킥! 얼마나 웃기다고! 너희도 배를 잡고 웃을걸."

우리는 무슨 말인지 몰라 멀뚱멀뚱 양치기 소년을 쳐다봤다. 양치기 소년은 넓은 바위 위로 뽐내며 올라가더니 갑자기 고래고래 소리를 질러댔다.

"늑대가 나타났다! 늑대가 나타났어! 사람 살려!"

우리는 모두 깜짝 놀랐다. 양치기 소년이 내지르는 소리가 얼마나 큰지 귀가 쨍쨍 울릴 정도였다.

"늑대가 나타났다! 늑대가 나타났어!"

다시 양치기 소년이 소리를 질렀다. 이번에는 목소리가 더 컸다. 새장 안에 있던 파랑새들도 놀랐는지 세차게 파드득거렸다. 그 바람에 치르치르가 그만 새장을 놓치고 말았다.

"아, 안 돼!"

떨어지면서 새장 문이 열렸고 파랑새 몇 마리가 날아가 버렸다. 치르치르가 재빨리 문을 닫았지만 새장 안에 남은 건 3마리뿐이었다.

"으앙!"

미치르가 울음을 터트렸다.

"너 뭐야? 늑대가 어디 있다고 그래!"

나는 더 이상 참을 수 없어 양치기 소년에게 버럭 화를 냈다.

"난 재밌게 해 주려고 그랬지. 심심할 때 하던 장난이라……."

양치기 소년은 기어들어 가는 목소리로 말했지만, 반성하는 눈치는 아니었다. 나는 그제야 진짜 늑대가 나타났을 때 아무도 양치기 소년을 도와 주지 않았던 이유를 깨달았다. 그것은 거짓말 때문이었다. 양치기 소년은 심심할 때면 늑대가 나타났다는 거짓말을 해서 마을 사람들이 놀라 쫓아오는 모습을 보고 재미있어 했었나 보다. 그래서 이제는 아무도 양치기 소년의 말을 믿지 않는 것이다. 아니나 다를까, 이번에도 마을 사람들은 코빼기도 비치지 않았다.

"계속 거짓말만 늘어놓을 거면 다시는 아는 척도 하지 마!"

나는 양치기 소년에게 으름장을 놓았다. 그제야 양치기 소년도 조금은 미안한지 머리를 긁적였다.

"잘못했어. 치르치르야, 몇 마리나 날아간 거야?"

양치기 소년이 시무룩하게 물었다.

"원래 7마리였는데 4마리가 날아가고 3마리만 남았어. 자, 다시 잡자. 같이 잡아 줄 거지?"

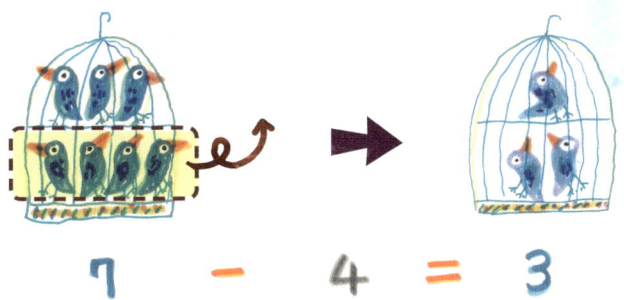

치르치르가 나와 양치기 소년을 보며 다부지게 물었다.

"그럼, 당연하지. 내가 다 잡아 줄게."

양치기 소년은 또 잰 척하며 나섰다.

"금세 잡을 수 있을 거야."

하지만 미치르는 여전히 찌푸린 얼굴이었다.

"또 몇 마리나 잡아야 돼?"

"파랑새가 3마리 있으니까."

"10마리가 되려면 7마리를 잡아야 해."

치르치르는 양치기 소년을 힐끔 한 번 쳐다보았다.

"빨리 파랑새를 잡자. 난 저쪽으로 가 볼게."

양치기 소년은 재빨리 숲 속으로 뛰어갔다. 나와 치르치르 그리고 미치르도 넓은 들판을 이리저리 뛰어다니며 파랑새를 잡기 시작했다. 한참이 지난 뒤에야 우리는 겨우 파랑새 2마리를 잡았다. 새장 속 파랑새가 모두 5마리가 되었다.

"얘들아! 얘들아!"

숲 속에서 양치기 소년이 나오며 소리를 질렀다. 우리 쪽으로 달려온 양치기 소년은 품속에서 파랑새를 조심스럽게 꺼냈다.

"다 잡아 주겠다는 약속은 못 지켰지만 그래도 5마리는 잡았어."

우리는 너무 놀라 입을 떡 벌리고 양치기 소년을 쳐다봤다. 그리고 펄쩍펄쩍 뛰며 기뻐서 소리쳤다.

"오빠, 5마리에 5마리를 더하면 모두 10마리니까 이제 할머니

소원을 이룰 수 있겠다!"

"그래. 해지기 전에 빨리 돌아가야겠어."

치르치르와 미치르는 여러 번 고맙다는 말을 하고는 서둘러 집으로 돌아갔다.

나도 집으로 가려는데 양치기 소년이 양젖 한 병을 내밀었어. 나 주려고 가져왔다며. 앞으로는 거짓말도 안 하겠다고 했어. 이번만큼은 진심으로 들리더라. 난 양치기 소년을 한 번 흘겨보고 양젖을 받아 단숨에 먹어 치웠어. 그렇지 않아도 배가 고프던 참이라 정말 꿀맛 같았어. 이게 바로 행복이지. 으하하!

그나저나 치르치르와 미치르네 옆집 할머니의 소원은 뭐였을까?

한 자리 수의 덧셈과 뺄셈

한 자리 수의 덧셈과 뺄셈은 가장 기초가 되는 계산이야. 그런데 덧셈과 뺄셈이 함께 나오면 꼭 앞에서부터 계산해야 돼. 그렇지 않으면 전혀 엉뚱한 답이 나오거든.

나는 이상한 학교에 가자마자 교실을 두리번거렸다.

"왁! 누구 찾아? 나 여기 있어."

갑자기 누가 뒤에서 깜짝 놀래키는 바람에 뒤로 자빠졌다. 양치기 소년이었다. 하여튼 마음에 들었다가도 금방 미운 짓을 한다.

"너 세라 찾지? 지난번에 세라가 우리 학교에 놀러왔을 때 세라 옆에서 떨어지지 않더라."

마음을 들킨 나는 얼굴이 화끈거렸다.

"나랑 세라 만나러 갈래? 걘 다른 학교에 다녀서 여기 잘 못 오잖아."

양치기 소년과 나는 세라가 다닌다는 민친 여학교를 찾아갔다. 우리가 막 민친 여학교 앞에 다다랐을 때 누군가 더러운 양동이를 옮기고 있었다. 세라였다. 지난번에 본 모습하고는 너무나 달랐다.

"세라야!"

"어머, 와리야! 양치기 소년도 왔네. 너희들 여긴 어떻게 왔어?"

세라의 달라진 모습에 놀라 나와 양치기 소년은 할 말을 잃고 서로 얼굴만 멀뚱멀뚱 쳐다봤다.

"아, 사실은 며칠 전에 아버지가 갑자기 돌아가시는 바람에 하녀가 되어서 다락방으로 쫓겨났어. 학교에서 궂은일을 하면서 지내."

 말을 하는 세라의 눈에 눈물이 고였다. 세라에게 그런 일이 있었다니! 내 마음도 찡하게 아파왔다.
 "근데 나 빨리 들어가야 해. 학생들 모자와 교복을 빨아서 개어 놓았는데, 몇 벌이 없어졌거든. 민친 교장 선생님이 이 사실을 아시면 엄청 혼낼 거야."
 "그런 거라면 같이 찾자. 여러 명이 찾는 게 훨씬 빠를 거야."
 "정말? 마침 모두 박물관 구경을 가서 학교에 나밖에 없어. 돌

아오기 전에 옷과 모자를 찾아야 해."

우리는 세라를 따라 민친 여학교로 들어갔다. 민친 여학교는 이상한 학교보다 훨씬 깔끔했다. 세라는 우리를 세탁실로 데려가서는 가지런히 개어 놓은 교복을 보여 주었다.

"지금 6벌이 있어. 교복을 처음 개어 놨을 때는 지금보다 훨씬 많았어. 그런데 학생들이 먹을 간식거리를 챙겨 주고 왔더니 이것밖에 없었어."

누군가 세라를 골려 주려고 일부러 숨긴 게 분명했다.
"그럼 교복이 몇 벌이나 없어진 거야?"
"글쎄, 모두 몇 벌인지는 모르겠어."
"다른 데로 가 보자. 혹시 다른 방에 있을지도 모르잖아."
우리는 가장 먼저 교실로 갔다. 빈 교실에는 책상이 가지런히 놓여 있었다. 하나하나 꼼꼼히 살폈지만 학생들이 쓰는 책상에는 아무것도 없었다.
"여기 있어! 와리야, 이리 와 봐."

양치기 소년이 교복을 찾은 곳은 선생님 책상 밑이었다. 그곳에 교복 2벌이 있었다.

"누군가 일부러 숨긴 게 확실해. 다른 교복도 학교 어딘가에 있을 거야."

"도대체 누가 이런 짓을 한 걸까? 누군가 날 미워하나 봐."

"세라야, 걱정 마. 양치기 소년이랑 내가 꼭 다 찾아 줄게."

내 말에 양치기 소년도 고개를 끄덕였다.

"1층에 세탁실과 교실 말고 또 뭐가 있어?"

"민친 선생님 사무실하고 부엌이랑 식당이 있어."

"일단 부엌으로 가자."

부엌은 1층 구석에 있었다. 세라와 나는 반반씩 나눠 부엌을 뒤지기 시작했다. 큰솥의 뚜껑을 찾아 열었더니 가지런히 갠 교복이 들어 있었다.

"세라야! 여기 있어. 그것도 여러 벌이야."

큰솥에서 나온 교복은 4벌이나 되었다. 우리는 교복을 들고 부엌옆 식당으로 갔다. 식당에는 긴 식탁과 의자뿐이었다. 달리 옷을 숨길 곳이 없어 보였다.

"여긴 없을 거야."

세라의 말에 그대로 밖으로 나오려다 문득 서랍장이 눈에 들어왔다.

"저건 뭐야?"

"안 쓰는 접시나 수저 같은 걸 보관하는 곳이야. 서랍이 너무 얕아서 다른 건 없을 거야."

하지만 내 생각은 달랐다. 서랍이 얕긴 했지만 꽤 넓어 보였기 때문이었다. 나는 맨 위 서랍부터 하나하나 열어 보았다. 그런데 네 번째 서랍을 열었더니 잘 갠 교복이 들어 있었다.

"낄낄낄. 역시 내 느낌이 맞았어."

다섯 번째, 여섯 번째 서랍에도 교복이 있었다. 식당에서만 교복을 모두 9벌이나 찾아 냈다.

"우와! 와리야, 너 진짜 똑똑하다."

세라의 칭찬에 나는 어깨가 으쓱했다. 우리는 부엌에서 찾은 4벌과 식당에서 찾은 9벌을 가지고 복도로 나왔다. 둘이서 교복을 다 들기가 무척 힘들었다. 그러고 보니 아까부터 양치기 소년이 안 보였다. 이럴 때 도와 주면 좋겠는데, 어디에서 무얼 하는지 녀석은 코빼기도 보이지 않았다.

"이제 교복이 모두 몇 벌이 된 거야?"

세라가 교복을 들고 낑낑거리며 물었다. 나는 복도에 있던 커다란 의자에 교복을 내려놓고 세라에게 설명을 했다.

"처음에 6벌이 있었는데, 교실에서 2벌을 찾아 8벌이 되었잖아."

나는 세라의 눈을 보며 설명했다. 가까이서 보니 눈이 진짜 예뻤다.

"그리고 부엌에서 4벌을 찾았지. 그러면 몇 벌이 되지?"

내 말에 세라는 잠시 동안 생각에 잠겼다.

"음, 8에 4를 더하면 12니까 모두 12벌이야."

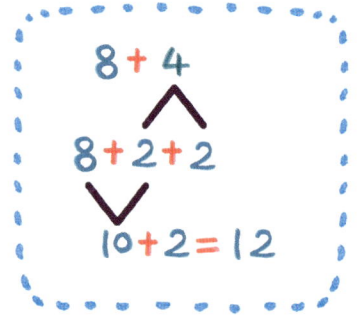

"그래, 맞았어. 모두 12벌이야. 그런데 식당에서 다시 9벌을 찾았어. 그러면 몇 벌이야?"

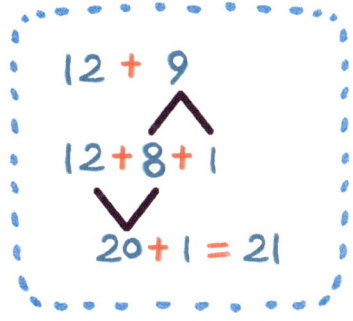

"21. 스물한 벌이야!"

이번에는 세라가 밝게 웃으며 거침없이 대답했다. 세라의 웃는 얼굴을 보니 나까지 기분이 좋았다. 그동안 시우가 공부하는 모습을 몰래 지켜봤던 일이 얼마나 다행인지. 그 덕분에 덧셈이 별로 어렵지 않았다.

"잘했어. 그런데 모두 몇 벌인지 모르니까 얼마나 더 찾아야 할지 모르잖아. 조금 있으면 학생들이 들이닥칠 텐데 걱정이다."

그때였다. 갑자기 민친 선생님 방의 문이 열리며 양치기 소년이

나왔다. 세라가 교장 선생님 사무실에는 들어가면 안 된다고 했는데, 양치기 소년이 제 맘대로 들어간 것이다.

"우히히히! 내가 이 방에서 뭘 찾았는지 맞혀 봐."

"거기에도 교복이 있었어?"

"아니. 더 중요한 거야."

양치기 소년이 도대체 무슨 말을 하는 건지 알아들을 수 없었다.

"짜잔! 이것 봐라."

양치기 소년이 보여 준 것은 사진이었다. 민친 여학교 학생들이 함께 찍은 단체 사진.

"이 사진만 있으면 학생이 모두 몇 명인지 알 수 있잖아!"

사진 속 아이들은 나란히 줄을 선 모습이었다. 맨 앞줄에는 민친

선생님과 6명의 아이들이, 그리고 두 번째 줄과 세 번째 줄에는 각각 10명의 아이들이 줄을 맞춰 있었다.

"10명씩 2줄과 6명이니까 모두 26명이야."

양치기 소년이 자신 있게 말했다. 10씩 묶어 세는 방법을 기억하고 있었던 것이다. 나는 기분이 좋아졌다. 양치기 소년이 사진을 찾은 것도 좋았고 셈을 잘하는 것도 좋았다.

"이제 몇 벌을 더 찾으면 돼?"

양치기 소년이 내 얼굴을 바라봤다.

"지금까지 21벌을 찾았어. 모두 26벌이 있으면 되니까, 26벌에서 21벌을 빼면 찾아야 하는 교복 수가 나와. 그러니까……."

나는 머릿속이 조금 복잡해졌다. 하지만 곧 답을 찾아 냈다.

"5벌이야. 5벌만 더 찾으면 돼."

내 말에 양치기 소년은 속을 알 수 없는 웃음을 지었다. 그리고는 잠시 기다리라며 민친 선생님 방에 들어갔다. 조금 뒤, 양치기 소년은 교복 5벌을 손에 들고 나타났다.

"이제 다 찾은 거지?"

양치기 소년이 마지막으로 찾은 교복을 세라에게 주었지만, 세라는 여전히 시무룩했다.

"응, 하지만 모자는 하나도 못 찾았어."

"1층에는 없어. 우리가 다 찾아봤잖아. 도대체 어디다 숨긴 거지?"

세라는 2층에 학생들 방이 있다고 했다. 하지만 누군가 세라를 골탕 먹이려고 일을 꾸몄다면 다른 학생 방에 숨기지는 않았을 것 같았다. 번뜩 머리에 스치는 생각이 있었다.

"세라야! 네 방은 어디야? 네 방에 가 보자!"

우리는 부리나케 세라의 다락방으로 올라갔다. 내 생각이 맞았다. 모자는 세라의 방에 다 있었다. 누군가 세라가 훔쳐 갔다고 고자질하려던 게 틀림없었다.

"도대체 누가 이런 짓을 한 거야?"

양치기 소년도 화가 났는지 씩씩거렸다.

"난 괜찮아. 민친 선생님과 아이들이 돌아오기 전에 다 찾은 것만으로도 다행이야."

나 같으면 누가 한 짓인지 알아 내서 복수해 줄 텐데 착한 세라는 그렇지 않았다.

"나에게는 모자 10개가 있네. 그런데 양치기 소년이 5개를 가져가, 이제 5개가 되었네."

나는 세라의 기분을 풀어 주려고 노래를 불렀다. 양치기 소년도 내 마음을 알았는지 맞장구를 쳤다.

"나는 모자 9개가 있네. 그런데 와리가 2개를 가져가, 이제 7개가 되었네."

그때였다. 아래층에서 학생들 소리가 들렸다. 나와 양치기 소년은 세라와 아쉬운 인사를 하고 학생들을 피해 학교를 빠져나왔다.

집에 돌아온 나는 세라의 웃는 모습이 자꾸 생각났어. 어! 그런데 시우랑 엄마가 마주 보고 앉았다. 저건 시우가 수학 공부를 시작한다는 신호야. 세라에게 또 어려운 일이 생겼을 때 도와 주려면 시우가 공부하는 걸 엿들어야 해. 나는 시우 옆에 얌전히 엎드렸어. 자는 척 눈을 감았지만 귀는 활짝 열어 두고 말이야.

받아올림이 있는 덧셈

12+9를 계산할 때, 9를 8+1로 바꿔서 12와 8을 먼저 더하고 또 1을 더했지? 12에 바로 9를 더하는 것보다 이 방법이 쉬울 거야.

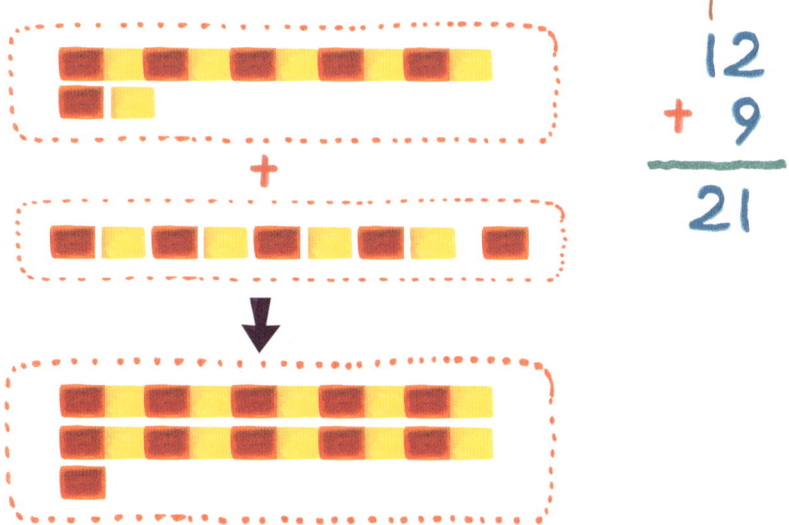

익숙해진 뒤에는 받아올림으로 계산해. 12+9에서 일의 자리 수인 2와 9를 더하면 11이 나오는데, 11은 10보다 커서 일의 자리에 있을 수 없으니까 10을 받아올리고, 일의 자리에는 1만 써. 십의 자리는 원래 있던 1과 일의 자리에서 올라온 1을 더해 주면 돼.

양치기 소년과 나는 학교 운동장에 앉아 양젖과 빵을 먹었다.
"진짜 맛있다. 그치?"
나는 뭐 먹을 때 말 시키는 게 싫어 그저 고개만 끄덕였다.
"뭐라고?"
양치기 소년은 입에 한가득 빵을 넣고는 이마를 찌푸리며 물었다.
"응? 난 아무 말도 안 했는데?"
조금 뒤, 양치기 소년은 빵을 꿀꺽 삼키더니 다시 말했다.
"뭐라고 했어? 못 들었어."
"아무 말도 안 했다니까."
하지만 양치기 소년은 고개를 갸웃거렸다.
"어, 이상하다. 무슨 소리가 들렸는데."
양치기 소년의 말을 듣고 보니 어디선가 쭝얼거리는 소리가 들렸다.

"비켜! 비키라고. 왜 길을 막고 있어."

나는 발아래에서 들리는 소리에 깜짝 놀라 뒷걸음질 쳤다.

"뭐, 뭐야?"

양치기 소년이 몸을 바짝 엎드리며 땅바닥을 살펴봤다. 그곳에는 개미 한 마리가 있었다.

"저리 비켜. 나 바쁘단 말이야."

개미는 자기 몸만 한 콩알을 가지고 있었다. 내가 옆으로 비켜서자 힘겹게 콩알을 굴리며 우리 앞을 지나갔다. 헉헉거리며 땀까지 뻘뻘 흘렸다.

"개미야! 왜 힘들게 콩알을 옮기는 거야?"

양치기 소년이 개미 앞을 막으며 물었다. 역시 녀석은 질문쟁이다.

"겨우내 먹을 곡식이야."

개미는 귀찮은 듯 자기 할 말만 하고 다시 콩알을 굴렸다.

"에계, 겨우 콩알 하나로 겨울을 난다고?"

빈정거리는 양치기 소년의 말에

개미는 신경질을 내며 멈춰 섰다.

"아, 바쁜데 왜 자꾸 말 시켜."

"미안해. 그런데 콩알을 어디로 가져가는 거야? 내가 도와 줄까?"

"그럴래? 우리 집까지 가는데 별로 안 멀어. 저기 있는 것도 한꺼번에 옮겨 줘."

개미가 가리키는 곳을 보니 콩알 몇 알이 더 있었다. 나와 양치기 소년은 콩알을 나누어 들고 개미를 따라갔다.

"조심해. 떨어뜨리면 안 돼. 그거 찾느라 얼마나 힘들었다고."

집으로 가는 동안 개미는 조심하라며 쉬지 않고 잔소리를 해댔다.

"겨울에 먹을 콩을 벌써 모아?"

"겨울에는 곡식을 구할 수 없기 때문에 지금 부지런히 모으지 않으면 겨우내 굶을 수도 있다고."

"그렇구나. 그래, 많이 모았어?"

"당연하지. 난 부지런하거든. 우리 집에 가면 깜짝 놀랄걸."

개미는 집에 다다르자마자 자기가 모은 콩을 보여 주었다.

"우와! 진짜 많다."
개미 집에는 자루마다 콩이 그득했다.
"아니, 이게 뭐야!"
갑자기 개미가 화들짝 놀라더니 콩 자루를 이리저리 보며 울상이 되었다.

"왜 그래? 무슨 일이야?"

"콩이 줄었어. 누가 몰래 훔쳐 간 게 분명해. 그게 아니라면 이렇게 줄어들 까닭이 없단 말이야."

개미는 커다란 그릇에 콩을 와르르 쏟았다. 그러고는 하나하나 세기 시작했다.

"분명히 베짱이가 훔쳐 갔을 거야. 나쁜 베짱이 녀석."

개미는 화를 참지 못하고 씩씩거렸다.

"왜 베짱이가 훔쳐 갔을 거라고 생각하는데?"

양치기 소년이 그릇에 다가앉으며 물었다. 같이 콩을 세어 주려는 모양이었다.

"베짱이는 일을 안 해. 봄가을에는 날씨가 너무 좋다고 놀고, 여름에는 덥다고 놀아. 그러다 겨울이 되면 쫄쫄 굶어. 나한테도 몇 번이나 곡식을 얻으러 왔었어."

말을 하다 숫자를 까먹었는지 개미는 콩을 다시 그릇에 붓고 또 처음부터 셌다.

"아닌 것 같은데? 네 말대로라면 베짱이는 곡식을 모으지 않는다며. 그런 베짱이가 겨울도 아닌데 왜 네 콩을 훔쳐 가겠어."

"그래, 와리 말이 맞다."

양치기 소년도 내 말에 맞장구를 쳤다. 개미는 뾰로통하게 나를 보더니 잠자코 콩을 셌다.

"그건 그렇고 콩이 얼마나 없어졌어?"

개미와 양치기 소년이 콩을 모두 셌을 때 내가 물었다.

"지난주에 57개 있었어. 그리고 어제 가져온 콩이 25개야. 그러면 모두 712개가 있어야 하는데 82개밖에 없다고. 베짱이, 이 녀석을 가만두지 않겠어."

개미는 너무 화가 나는지 울먹이기까지 했다.

"도대체 누가 한 짓이야?"

양치기 소년도 덩달아 씩씩거렸다. 하지만 뭔가 이상했다.

"잠깐만. 지난주에 57개가 있었고, 어제 25개를 가져왔다고? 그렇다면 712개는 너무 많은 거 아니야? 더하기를 어떻게 한 거야?"

내 말에 개미와 양치기 소년은 어리둥절해했다.

"개미야, 더하기 다시 해봐."

내가 다그치자 개미는 종이를 가져와 더하기를 해 보였다.

"봐, 7하고 5를 더하면 12잖아. 그러니까 12를 쓰고, 5하고 2를 더하면 7이니까 712가 되잖아."

개미가 더하기를 하는 동안 나는 곰곰이 생각했다. 개미의 설명

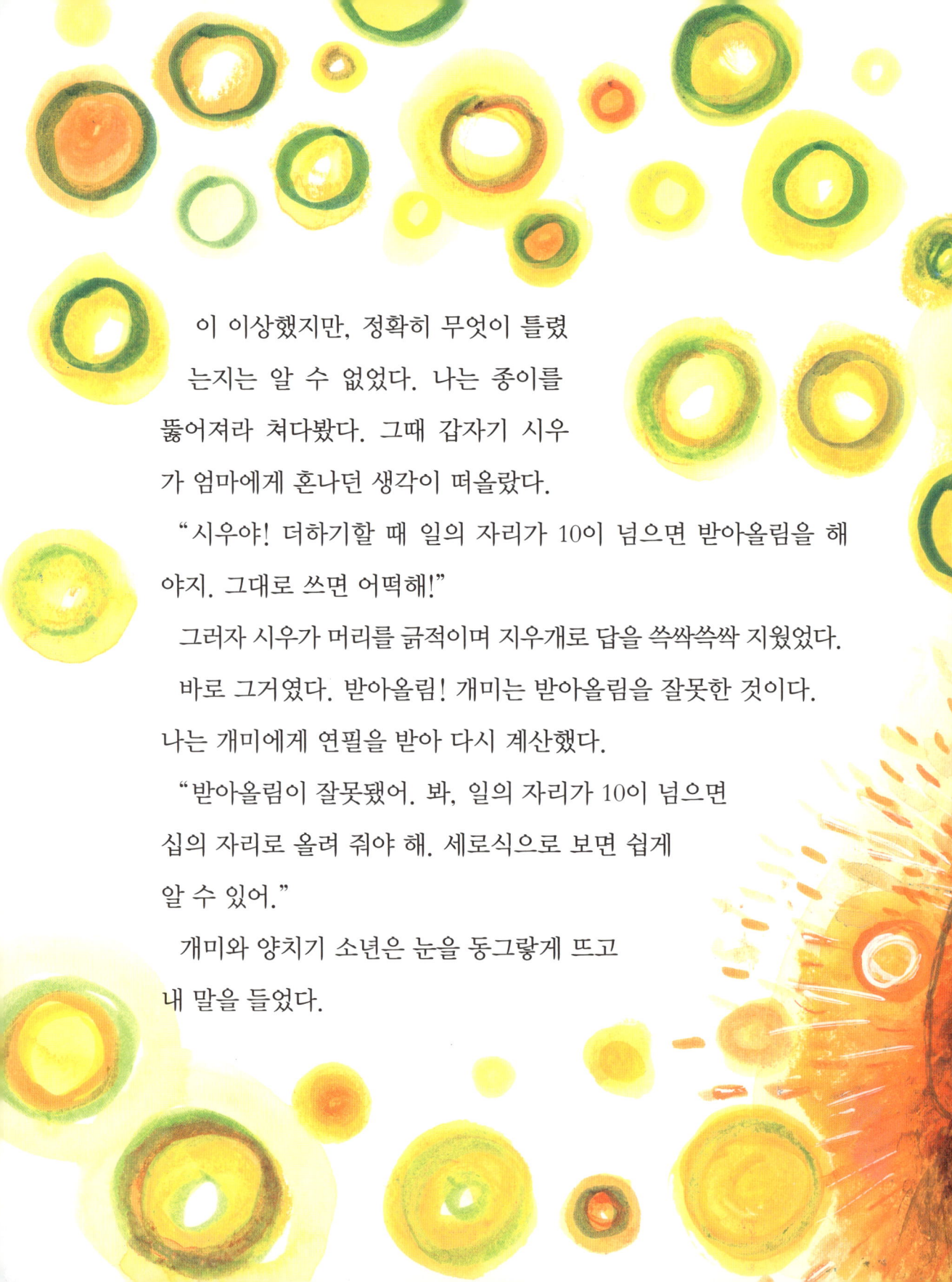

　이 이상했지만, 정확히 무엇이 틀렸는지는 알 수 없었다. 나는 종이를 뚫어져라 쳐다봤다. 그때 갑자기 시우가 엄마에게 혼나던 생각이 떠올랐다.
　"시우야! 더하기할 때 일의 자리가 10이 넘으면 받아올림을 해야지. 그대로 쓰면 어떡해!"
　그러자 시우가 머리를 긁적이며 지우개로 답을 쓱싹쓱싹 지웠었다.
　바로 그거였다. 받아올림! 개미는 받아올림을 잘못한 것이다. 나는 개미에게 연필을 받아 다시 계산했다.
　"받아올림이 잘못됐어. 봐, 일의 자리가 10이 넘으면 십의 자리로 올려 줘야 해. 세로식으로 보면 쉽게 알 수 있어."
　개미와 양치기 소년은 눈을 동그랗게 뜨고 내 말을 들었다.

"7에 5를 더하면 12니까 일의 자리에 2를 쓰고, 십의 자리에 1을 올리는 거야. 그래서 십의 자리에 있던 5와 2를 더하면 7인데, 일의 자리에서 올라온 1을 또 더하면 8이 되지. 그러니까 답은 82가 맞아. 아까 콩이 몇 개라고 했지?"

"82개."

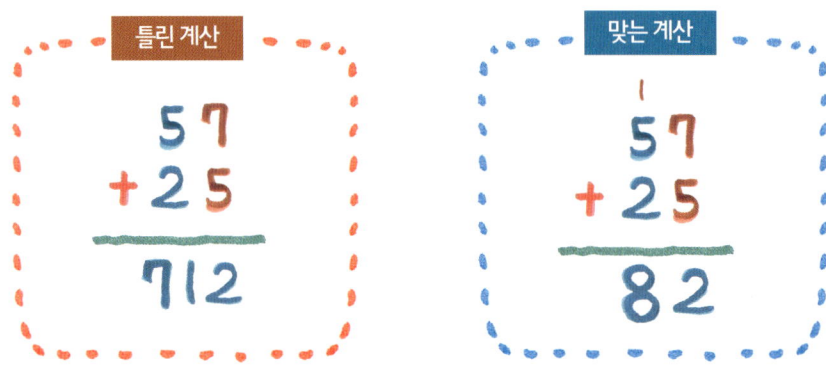

내 말에 귀를 기울이던 개미가 얼떨결에 대답했다.

"그럼 없어진 게 아니야. 딱 맞잖아, 82개."

"어떻게 82가 되지? 난 잘 모르겠어."

개미는 내 말을 알아듣지 못했다. 양치기 소년도 마찬가지였다.

"오늘은 몇 개를 가져왔어?"

"19개."

나는 개미에게 오늘까지 가져온 콩이 모두 몇 개인지 더해 보라고 했다.

"어제까지 있던 82개에 19개를 더하면, 모두 911개가 있어야 해."

개미는 이번에도 틀리게 셈을 했다.

"아니지, 그게 아니야. 잘 봐. 내가 다시 해볼게."

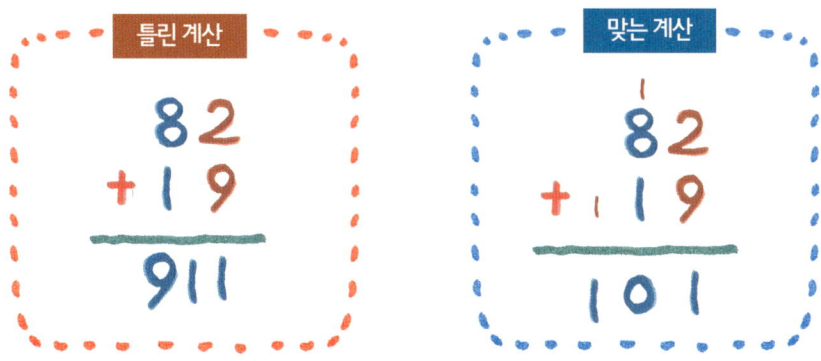

"먼저 일의 자리를 더할게. 2와 9를 더하면 11이니까 일의 자리에 1을 쓰고, 십의 자리에 1을 올려야 해. 그리고 십의 자리에 있던 8과 1을 더하면 9가 되는데 여기에 일의 자리에서 올라온 1을 다시 더하면 10이야. 그러면 십의 자리에 0을 쓰고, 이번에는 백의 자리로 1을 올려야 해. 그런데 백의 자리에 다른 숫자가 없으니까 그냥 1을 쓰면 101이 되는 거야. 그러니까 콩은 모두 101개야. 자, 콩을 다시 한 번 세어 봐."

개미와 양치기 소년은 콩을 다시 커다란 그릇에 담고 셌다.

"하나, 둘, 셋, ……, 백, 백일. 모두 101개가 있어."

개미는 믿을 수 없다는 듯 고개를 가로저으며 말했다.

"역시, 와리는 수학 천재라니까. 괜히 베짱이한테 뭐라고 했네."

양치기 소년은 헤헤거리며 내 옆으로 다가와 앉았다.

"그런데 왜 콩이 줄어든 거지? 콩 자루가 이것보다는 더 꽉 찼었단 말이야."

"혹시 콩이 마르면서 크기가 줄어들었을지도 몰라. 목장에서도 겨울에 대비해 목초를 베어서 모아 두는데, 마르면 줄어들거든."

맞는 말이었다. 개미도 양치기 소년의 말을 듣고야 안심하는 눈치였다.

"덕분에 베짱이가 훔쳐 가지 않았다는 사실을 알게 됐어. 고마워. 너희에게 콩 3개씩 줄게."

개미의 말에 나는 깜짝 놀랐다. 세상에서 가장 싫어하는 음식이 콩인데 그걸 주겠다니.

"아니야. 네가 얼마나 힘들게 모았는지 아는데 받을 수 없어."

나는 손사래까지 치며 괜찮다고 했다.

"그럼 나 줘. 내가 와리 거까지 가질게."

눈치 없는 양치기 소년이 또 끼어들며 말했다.

"근데 우리에게 3개씩 주면 95개밖에 안 남잖아. 겨울을 나려면 하나라도 더 가지고 있는 게 좋지 않아?"

"왜 95개나 남아? 41개가 아니고?"

양치기 소년이 무슨 말을 하는지 알아들을 수 없었다.

"뭐야? 내가 6개를 주면 41개밖에 안 남는다고?"

개미는 놀라서 말을 잇지 못했다. 자기가 생각해도 너무 적게 남기 때문일 것이다.

"왜 41개가 남는다는 거야?"

그러자 양치기 소년이 셈을 했다.

"3개씩이니까 모두 6을 빼면 되잖아. 101-6. 그러니까 10에서 6을 빼면 4이고, 1은 뺄 게 없으니까 41이 되지."

나는 입이 딱 벌어졌다. 양치기 소년은 빼기를 할 줄 몰랐다.

"자릿수를 잘 맞춰야지. 그리고 더하기할 때 받아올림을 했던 것처럼 뺄 때는 받아내림을 해야 해."

나는 양치기 소년에게 연필을 달라고 해서 다시 셈을 해 주었다.

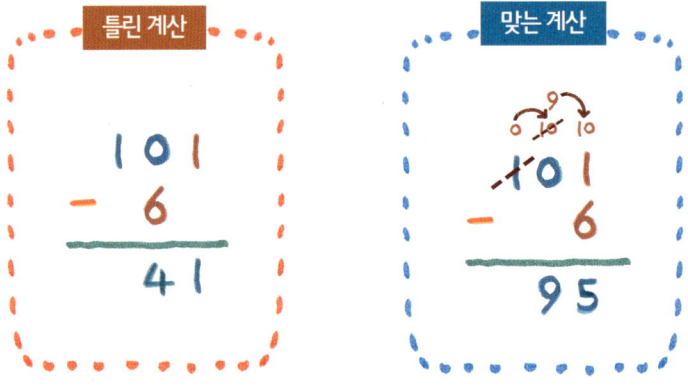

"6은 일의 자리 수야. 그러니까 101의 일의 자리 수인 1에서 빼야 해. 그런데 1에서 6을 뺄 수 없으니까 십의 자리에서 빌려 와야 하는데 십의 자리의 수가 0이니까 백의 자리 수에서 1을 빌려 와. 그러면 백의 자리는 0이 되고 십의 자리는 10이 돼. 이제 십의 자리에서 1을 일의 자리에 빌려 주면 십의 자리는 9가 남아. 일의 자리는 10을 받아서 11이 되고 6을 빼니까 5가 되는 거야. 십의 자리에는 9가 남고. 알겠어?"

양치기 소년은 조용히 고개를 끄덕이는데 개미는 무척 놀란 눈치였다.

"너 정말 셈을 잘하는구나. 있잖아, 부탁이 하나 더 있는데 꼭 들어줬으면 좋겠어."

개미가 나를 보면서 눈을 반짝였다. 나는 기분이 좋아져서 부탁이 뭐냐고 물었다.

"우리 집에 콩 말고 밤이랑 도토리, 쌀, 보리도 있거든. 이것들도 개수를 세어서 모두 몇 개인지 가르쳐 줄래?"

"그래? 어디 있는데?"

개미가 가리킨 곡식 자루는 한눈에 보기에도 엄청나게 많았다. 갑자기 정신이 멍해졌다.

"저, 저기, 미안한데 오늘은 너무 늦어서 집에 가야 해. 개미 네가 먼저 곡식들을 세어서 더해 봐. 그러면 나중에 와서 확인해 줄게. 알았지? 그럼 간다."

나는 개미가 붙잡을까 봐 재빨리 인사를 하고 밖으로 나왔다.

"진짜로 다시 가서 확인해 줄 거야?"

돌아오는 길에 양치기 소년이 웃으며 물었다. 사실은 가지 않을 생각이었지만 아니라고 선뜻 대답할 수가 없었다. 그랬다가는 내가 거짓말을 한 것이 되기 때문이다.

"오늘 더하고 빼는 방법을 배웠으니까 나중에 같이 가. 나도 도와 줄게."

양치기 소년의 입에서 도와 주겠다는 말이 나오다니 신기했다.

"그래, 그러자."

집에 돌아오니 시우가 마루에서 공부를 하고 있었어. 나는 살며시 시우 옆으로 가서 엎드렸어. 시우가 무슨 문제를 틀리는지 보려고 했지. 그런데 웬일인지 하나도 틀리지 않은 거야. 엄마는 시우가 덧셈과 뺄셈 도사가 됐다며 입이 귀에 걸릴 정도로 좋아했어.

"그 정도는 나도 할 수 있어요. 와리도 이상한 학교의 수학 천재라고요. 왈왈!"

두 자리 수의 덧셈과 뺄셈

한 자리 수 이상의 수를 더하거나 뺄 때는 자릿수를 꼭 확인해야 해. 일의 자리는 일의 자리끼리, 십의 자리는 십의 자리끼리 계산해.
덧셈에서 더해서 나온 일의 자리 수가 10이 넘으면 받아올림을 해야지.
뺄셈에서도 일의 자리 수가 모자라면 십의 자리에서 10을 받아내림 해야지.

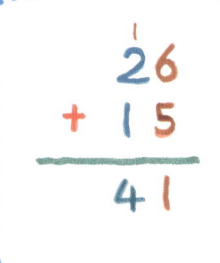

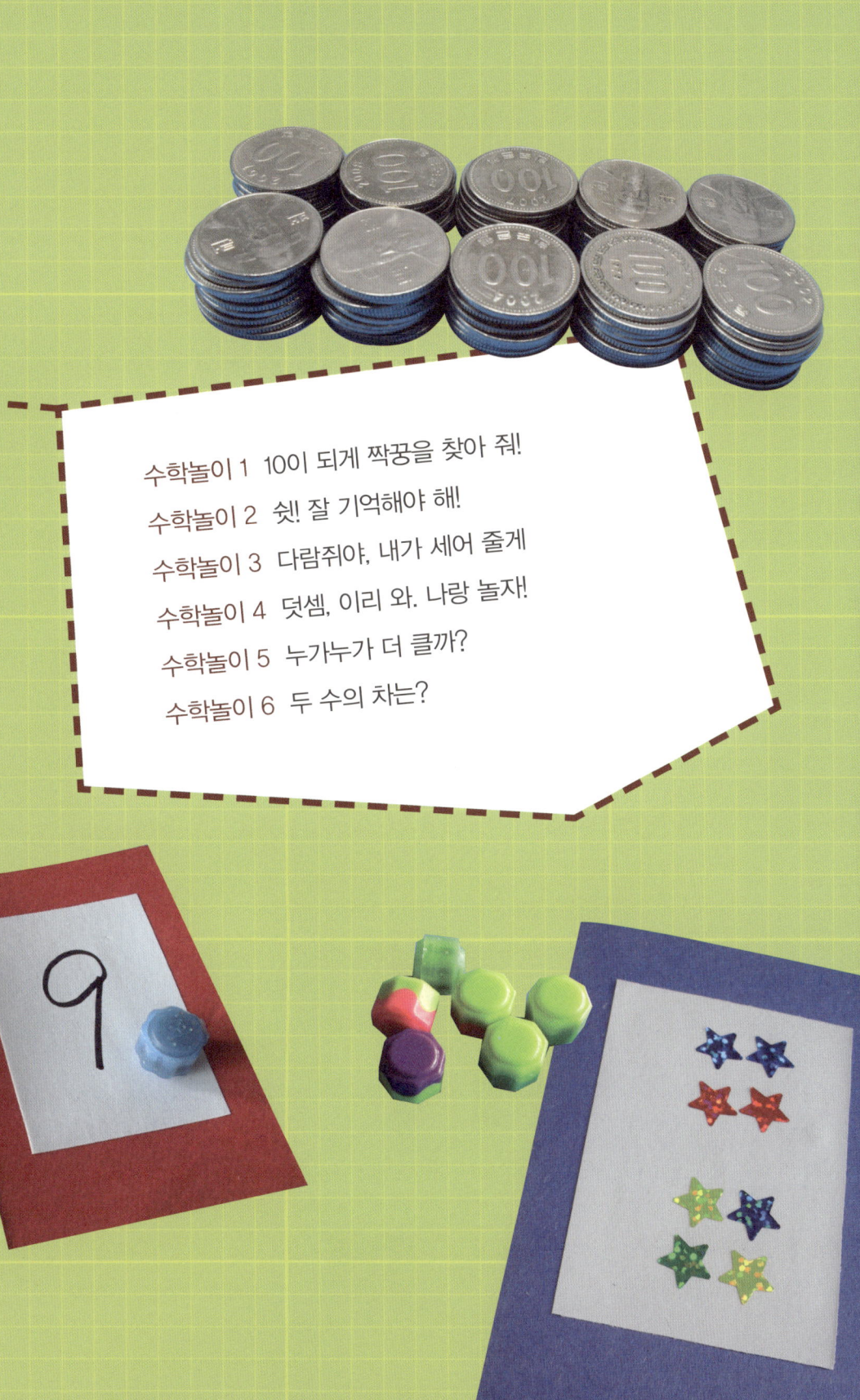

수학놀이 1 10이 되게 짝꿍을 찾아 줘!
수학놀이 2 쉿! 잘 기억해야 해!
수학놀이 3 다람쥐야, 내가 세어 줄게
수학놀이 4 덧셈, 이리 와. 나랑 놀자!
수학놀이 5 누가누가 더 클까?
수학놀이 6 두 수의 차는?

1. 10이 되게 짝꿍을 찾아 줘!

놀이의 목표 ▶ 번갈아 손뼉 치기와 발 구르기, 공깃돌 개수를 맞히는 놀이를 통해 10이 되게 수를 모으기

놀이 준비물 ▶ 종이컵(2~3개), 공깃돌 10개

활동 ❶
손과 발로 10이 되게 짝꿍 찾기

"중현아, 오늘은 10이랑 놀 거야."

"10이랑 논다구요? 숫자 10 말이에요?"

"응. 10이 되게 수의 짝을 찾는 거야. 우선 박수로 해보자."

"아, 엄마랑 중현이랑 합쳐서 박수를 10번 치자는 말이죠?"

"맞았어. 가위바위보해서 누가 먼저 박수를 칠지 정하자."

"아싸, 이겼다! 엄마 제가 먼저 문제 낼게요. 잘 듣고 10이 되게 짝꿍을 찾으세요."

"짝, 짝, 짝, 짝. 중현이가 손뼉을 4번 쳤으니까 엄마가 짝, 짝, 짝, 짝, 짝, 짝. 6번 치면 10이 되었지? 엄마 차례다. 잘 들어 중현아. 짝, 짝, 짝."

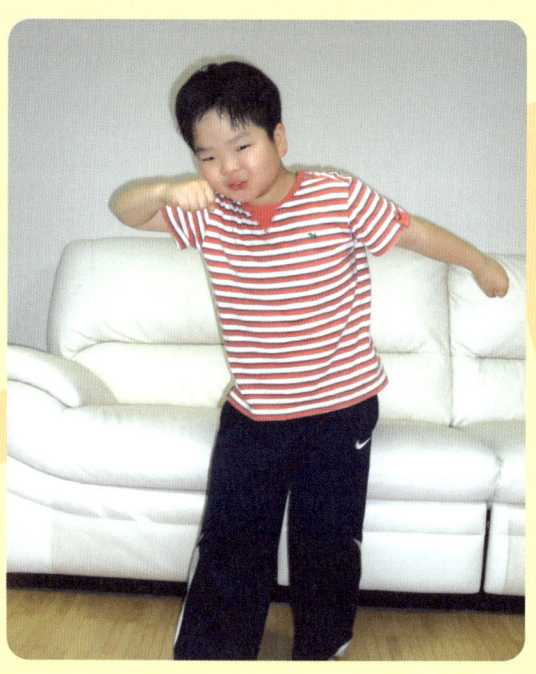

"엄마가 3번 쳤으니까 전 7번이죠? 짝, 짝, 짝, 쿵, 쿵, 쿵, 쿵. 손뼉이랑 발까지 굴렀어요. 이번엔 리듬을 좀 넣을게요, 잘 들어 보세요. 짝짝~, 짝짝, 쿵."

"리듬을 넣으니까 헷갈린다. 6번이었나? 그럼 엄마는 4번 칠까?"

"땡! 틀렸어요. 짝짝~, 짝짝, 쿵은 5번이잖아요. 그러니까 10이 되려면 5번 쳐야죠."

"아, 그랬구나. 엄마도 리듬을 넣어서 문제 낼게. 짝, 쿵, 짝짝, 쿵쿵."

"그래도 안 속아요. 짝짝짝, 쿵. 어때요? 맞죠?"

"응, 잘했어. 엄마 6번, 중현이 4번 해서 모두 10번이 맞네. 다른 방법으로 10이 되게 짝꿍을 찾을 순 없을까?"

활동 ❷
종이컵과 공깃돌로 10이 되게 짝꿍 찾기

"아! 엄마가 말했었잖아요. 옛날에 여러 개의 컵 중 한 개의 컵에만 공깃돌을 넣고, 컵을 이리저리 움직인 후 공깃돌 있는 컵 찾기 놀이를 했었다고요. 그게 어때요?"

"'날이면 날마다 오는 게 아니야.' 이거? 호호, 그래. 공깃돌 10개를 두 개의 종이컵에 갈라 넣고 한쪽 컵의 공깃돌 개수만 보고 나머지 컵에 든 공깃돌 개수를 알아맞히면 되겠다."

"제 말이 그 말이에요. 엄마가 먼저 숨겨 주세요."

"날이면 날마다 하는 놀이가 아닙니다. 공깃돌아, 공깃돌아, 종이컵 안으로 사라져라. 얍!"

"얍! 한쪽에 공깃돌이 3개 있네요. 그러니까 10이 되려면 다른 컵엔 7개가 있어야 해요. 짜잔."

"잘한다. 이번엔 중현이가 문제를 내 봐."
"엄마, 다 됐어요."

"숨겨 볼까? 엄마가 먼저 숨겼어. 맞혀 봐, 중현아."

"이쪽 컵에 4개가 들어 있네. 10이 되려면 옆 종이컵엔 6개가 들어 있어야 하는데. 옳지."

"엄마도 잘했어요."

"엄마, 컵 두 개를 먼저 뒤집어야겠죠? 첫 번째 컵엔 공깃돌이 4개 들어 있고, 두 번째 컵엔 2개 들어 있네요. 두 컵에 든 공깃돌이 모두 6개니까 나머지 컵엔 4개가 들어 있어야죠."

활동 ❸
10을 세 수로 가르기

"이번엔 공깃돌 10개를 종이컵 세 개에 갈라서

"딩동댕, 맞았어. 어렵지 않지?"

"네. 하지만 전 아주 어려운 문제를 낼 거예요. 긴장하셔야 될걸요."

"엄마, 10이 되게 짝꿍 찾기 놀이 정말 재밌어요."

"중현이가 재밌어하니까 엄마도 더 다양한 놀이 방법을 생각해야겠는걸."

"기대할게요!"

"엄마도 종이컵 두 개를 먼저 뒤집었더니 공깃돌이 3개, 또 3개가 있네. 10이 되려면 나머지 하나에는 4개가 있어야겠지?"

2. 쉿! 잘 기억해야 해!

놀이의 목표 ▶ 기억력 게임을 하면서 수를 보는 직관력을 키우고 덧셈의 기초를 이해하기
놀이 준비물 ▶ 종이 카드(색지와 흰 종이), 스티커, 매직펜

활동 ❶
같은 수를 찾는 기억력 게임

"별 스티커네요. 이걸로 어떤 놀이를 할까요?"

"중현이가 어릴 때부터 자주 했던 기억력 게임을 할 건데 먼저 수 카드를 만들어야 해. 0부터 9까지로 할까? 아님 1부터 10까지로 할까?"

"0부터 10까지 다 하죠, 뭐."

"그래. 중현이도 같이 카드 만들자."

"숫자 카드랑 스티커 카드까지 다 준비됐어요. 바닥에 안 보이게 깔까요?"

"그래. 두 장을 동시에 뒤집어서 같은 수에 해당하는 카드가 나오면 가져가는 거야. 자, 가위바위보!"

"저 먼저예요. 4하고 별 5개가 나왔어요. 에고고, 다시 뒤집어 놓을게요."

"중현이 좋겠네. 오우, 엄마는 0이랑 아무것도 없는 카드가 나왔네."

"엄마는 10하고 별 6개가 나왔네. 이런."

"전 별 10개가 나왔는데 아까 엄마가 뒤집었던 숫자 10이 적힌 카드가 어디 있었죠? 아, 여기다. 별 10개랑 10이랑 찾았어요!"

"엄마는 운이 좋네요. 에고고 8이랑 별 3개가 나왔어요. 전."

"엄마는 2랑 별 2개야. 가져간다."

"엄마, 저도 8이랑 별 8개를 가져가요."

"엄마보다 중현이 기억력이 더 좋은 것 같네. 어디 보자. 다 끝났으면 세어 볼까?"

"전 12장이에요. 엄마는요?"

"엄마는 10장이야. 중현이가 2장 많아서 이겼다. 잘했어."

활동 ❷
덧셈식을 이용한 기억력 게임

"중현아, 지금 막 떠올랐는데 숫자 카드의 수를 둘로 갈라서 간단한 덧셈식을 만든 다음에 기억력 게임으로 찾는 거 어때?"

"그러니까 숫자 5를 4+1로 만들고, 4+1이 적힌 카드와 별이 5개인 카드를 찾자는 말이죠? 음, 좀 어렵겠지만 해요."

"그럼 일단 두 수를 덧셈해서 2부터 10까지 나오는 덧셈식 카드부터 만들자."

"금세 다 만들었어요. 바닥에 다 깔면 엄마부터 시작하세요."

"엄마는 2+2랑 별 4개를 뒤집었네. 가져갈게."

"엄마는 또 찾았다. 9+1은 10이니까 별 10개 맞지? 이 게임은 엄마가 이긴 것 같은데?"

"전 두 장 다 덧셈식 카드만 뒤집었어요. 게다가 서로 답도 달라요. 5+1은 6인데 2+1은 3이잖아요."

"맞아요. 엄마가 저보다 4장 더 많아요. 그래도 참 재밌었어요. 기억력 게임 방법을 만들어서 덧셈 놀이까지 했잖아요. 수를 보는 힘도 좋아진 것 같은데요."

"엄마는 놀이를 즐기는 중현이가 참 예쁜걸. 다음에도 또 즐겁게 놀이하자."

3. 다람쥐야, 내가 세어 줄게

놀이의 목표 ▶ 10개씩 묶어 보는 놀이와 10개씩 묶음과 낱개를 세는 놀이를 통해 두 자리 수 이해하기

놀이 준비물 ▶ 동전 100개, 도토리 그림 100장 이상, 부직포로 만든 주머니 모양, 양면테이프

활동 ❶
동전 10개씩 묶어 세기

"중현아, 엄마가 작은 상자에 100원짜리만 모았는데 다 찬 것 같아. 중현이가 동전 좀 세어 줄래?"

"예, 엄마. 저 동전 세는 거 좋아해요. 이리 주세요."

"하나, 둘, 셋, 넷, 다섯……."

"그 많은 동전을 하나씩 세면 한참 걸리겠다."

"그러게요. 이렇게 세니까 헷갈리는데요."

"힌트를 줄게. 묶음으로 묶어서 세 봐. 몇 개씩 묶으면 편할까?"

"아, 알겠어요. 10개씩 모아 놓으면 편하겠어요. 그죠?"

"딩동댕. 맞았어."

"이렇게 하니까 정리가 잘 돼요."

"중현아, 다 세면 쭉 들어놔 봐. 몇 묶음이야?"

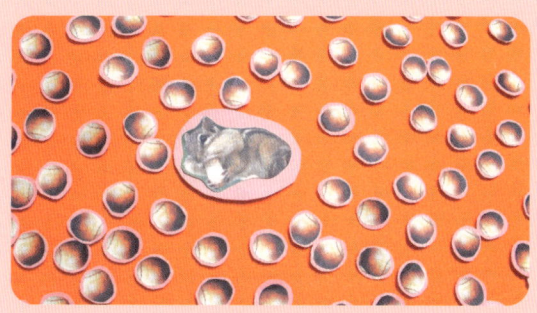

"도토리도 아까 동전처럼 10개씩 묶어서 세면 금방 셀 거예요."

"짜잔. 엄마가 주머니를 만들어 왔으니까 여기에 담자."

"엄마, 고마워요. 제가 담을게요."

"하나, 둘, 셋……, 엄마, 어떻게 이럴 수가 있죠? 10개씩 10묶음이에요. 10개가 하나면 10, 둘이면 20, 셋이면 30, ……, 아홉이면 90, 열이면 100이죠? 신기하게 딱 100개예요!"

"정말 그러네. 100원이 100개니까 만 원이다. 중현이 덕분이 100개나 되는 동전도 쉽게 셌다. 고마워, 중현아."

"뭘요. 하하!"

활동 ❷
도토리 10개씩 묶어 세기

"중현아, 다람쥐가 가을에 도토리를 엄청나게 많이 주웠대. 그런데 도토리가 모두 몇 갠지 알 수 없어서 중현이한테 도움을 요청한대. 엄마랑 같이 도와 줄까?"

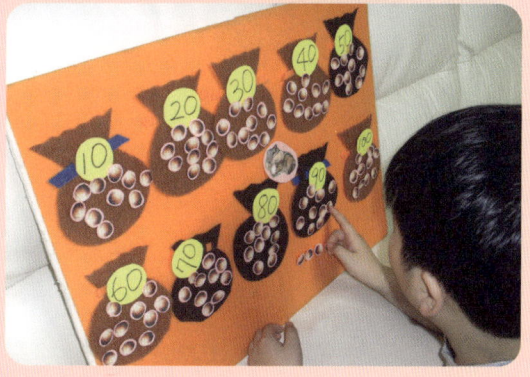

"엄마 다 했어요. 주머니가 10개예요. 여기에 숫자를 적을까요? 10, 20, 30, 40, 50, 60, 70, 80, 90, 100. 그리고 도토리 4개가 남았어요. 도토리는 모두 104개네요."

활동 ❸
10 − (한 자리 수)의 계산

"우리 도토리 주머니를 다람쥐네 집까지 옮겨 주자. 어, 어쩌지! 엄마가 그만 주머니를 엎어서 도토리를 많이 흘렸네. 남아 있는 도토리를 보고 주머니를 채워 줄까? 할 수 있겠지?"

"다시 세어 보니 아까 중현이가 담아 주었던 그대로야?"

"예, 그대로예요. 이 정도면 다람쥐는 겨울을 거뜬히 나겠어요."

"동전을 셀 때도 그렇고, 도토리를 셀 때도 그렇고 10씩 세면 편하다는 걸 알았지?"

"예 엄마. 10씩 묶어서 세면 물건이 아무리 많아도 금방 세겠어요."

"이 정도는 쉽죠. 10이 되게 남아 있는 도토리 개수의 짝꿍 수를 찾아도 되고, 10에서 남아있는 도토리 개수만큼 빼도 돼요. 여기 주머니에 도토리가 3개 남아 있으니까 10−3을 계산해서 7개 더 넣으면 되겠죠? 여기는 10−5니까 5개, 여기는 10−6이니까 4개."

4. 덧셈, 이리 와. 나랑 놀자!

놀이의 목표 ▶ 공깃돌로 수 가르기 놀이를 하면서 받아올림이 있는 덧셈 계산하기

놀이 준비물 ▶ 5, 6, 7, 8, 9를 쓴 수 카드 4장씩, 공깃돌 9개, 바구니, 덧셈식을 쓴 카드, 긴 끈, 빨래집게

활동 ❶
합이 10이 넘는 한 자리 수 덧셈

"중현아, 오늘은 조금 어려운 덧셈 놀이를 해볼 건데, 중현이는 수 가르기에 익숙하니까 분명 잘 할 거야."

"어떤 놀이인데요?"

"5, 6, 7, 8, 9를 쓴 수 카드가 각각 4장씩 있어. 바구니에 수 카드를 넣고 2장을 뽑아서 더하는 거야. 일단 중현이가 바구니 안에서 수 카드 두 장을 골라 볼래?"

"엄마, 8과 9가 적힌 카드를 뽑았어요."

"중현아, 10에 더 가까운 카드가 어떤 거야?"

"9요. 9 다음이 10이니까요."

"그럼 9 카드는 그냥 두고 카드 8을 공깃돌 8개로 바꿔. 그리고 카드 9에 공깃돌 하나를 주고 나머지 공깃돌이 몇 개인지 보렴."

"아. 그러니까 9를 10으로 만든 다음 남은 공깃돌의 수를 세어 보라는 거죠? 8개에서 하나를 주면 7개가 남으니까 8과 9를 더하면 17이에요?"

"엄마는 5와 7을 뽑았으니까 카드 5를 공깃돌 5개랑 바꿀게. 그런 다음, 7이 10이 되려면 3개가 더 필요하니까, 3개를 주면 2개가 남는구나. 그러니까 5+7은 12다. 맞지?"

"엄마 잘했어요. 이번엔 제가 할게요. 어떤 카드가 뽑힐까 기대돼요."

"역시, 중현이다. 이 방법으로 받아올림이 있는 더하기를 해보자. 이제 시작할까?"

"예, 좋아요. 엄마가 가위바위보해서 이겼으니까 먼저 하세요."

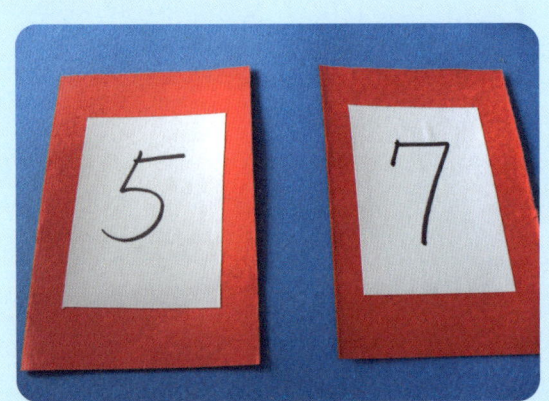

"엄마, 전 5와 6을 뽑았어요. 그럼 카드 5를 공깃돌 5개와 바꿀게요. 6이 10이 되려면 4가 더 있어야 하니까 카드 6에 공깃돌 4개를 주면 하나가 남네요. 6+5는 11이에요."

"그런데 보통 빨랫줄이 아니야. 어떤 빨래가 널려 있는지 한번 볼래?"

"그래, 중현아. 엄마는 카드 두 장이 모두 8이네. 그럼 카드 한 장을 공깃돌 8개로 바꿔서 8+8은 16이다."

"엄마, 전 두 장 다 9예요. 그럼 카드 9를 공깃돌 9개랑 바꿀게요. 9+9는 18이에요. 이렇게 여러 번 놀면 공깃돌이 없어도 머릿속에서 수를 갈라서 받아올림 계산을 할 수 있겠어요."

활동 ❷
두 자리 수와 한 자리 수의 덧셈

"엄마, 이쪽엔 빨랫줄이 있네요."

"음, 좀 어려운 빨래네요. 덧셈식을 쓴 카드가 널려 있어요. 의자엔 수 카드도 있어요."

"맞았어. 그런데 저 빨래들은 하나도 어렵지 않아. 놀이 끝나면 아마 중현이 덧셈 실력이 쑥 자라 있을 거야."

"그래요? 기대되는걸요."

"일단 중현이가 빨래를 하나 걷어서 엄마한테 보여 줘."

"이렇게요 엄마? 5를 4와 1로 갈라서 4를 16에 주면 20, 남은 수가 1이니까 21이 되는 거죠?"

"잘했어, 중현아. 이번엔 엄마가 해볼게."

"엄마도 파이팅이에요."

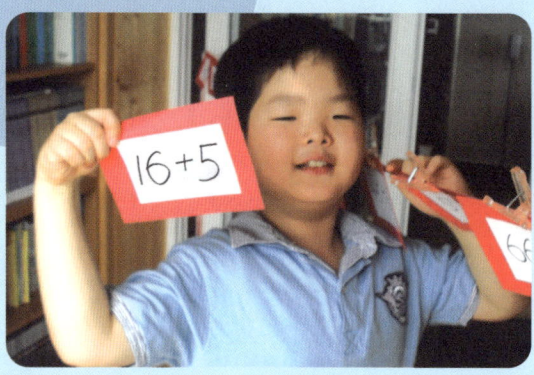

"엄마 16+5라고 쓰여 있어요."

"그럼 16을 20이 되게 해 주고 남는 수가 몇인지 보자. 그런데 이번엔 공깃돌이 아니고 카드야. 해 볼래?"

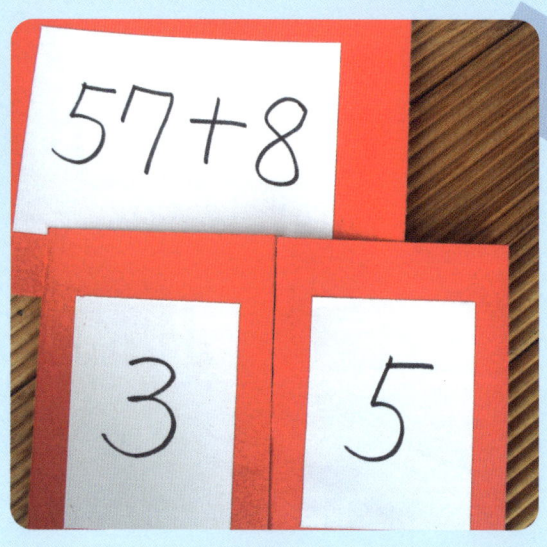

"엄마는 57+8을 골랐어. 8을 3과 5로 갈라서 3과 57을 더하면 60이 되지? 남은 수는 5니까 57+8은 65가 되네."

"전 45+8을 걷었어요. 8을 5와 3으로 갈라서요, 45+5를 해서 50을 만들고 남은 수인 3을 더하면 53이에요. 엄마, 제가 계속해도 돼요?"

"당연히 되지. 중현이가 아주 재미있나 보구나."

"네, 재밌어요. 이렇게 갈라 주기만 하면 큰 수 더하기도 척척이겠어요."

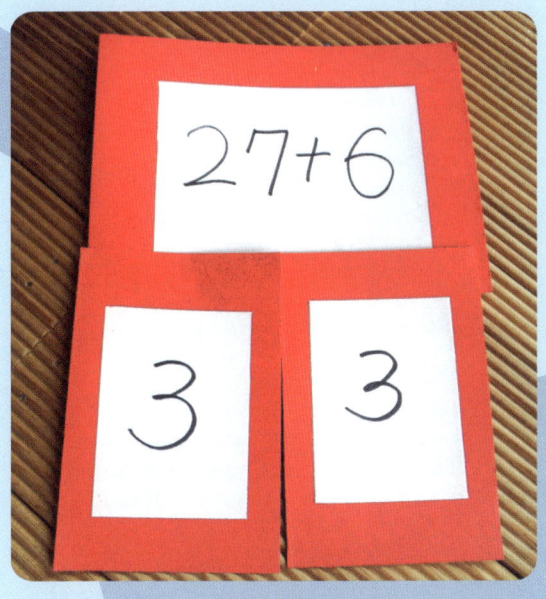

"엄마, 27+6이에요. 6을 3과 3으로 갈라서 30을 만들고 3을 더하면 33. 점점 더 빨리 계산할 수 있어요. 뺄셈도 즐거운 놀이로 알려 주세요, 엄마."

"그럴게. 중현아."

5. 누가누가 더 클까?

놀이의 목표 ▶ 숫자를 붙인 탁구공을 골라 더 큰 수나 더 작은 수를 만드는 놀이를 통해 수의 크기를 비교하기

놀이 준비물 ▶ 탁구공 20개 정도, 숫자 스티커, 바구니

활동 ❶
한 자리 수의 크기 비교하기

"응. 엄마가 0부터 9까지 숫자를 탁구공에 붙였어. 우리 눈 감고 하나씩 뽑아서 누가 더 큰 수를 뽑았는지 볼까?"

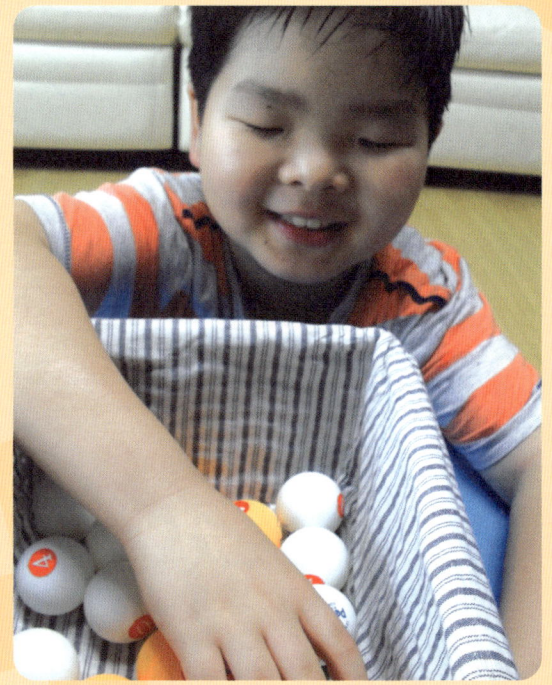

"중현아 바구니 안에 탁구공이 가득 들었네. 꼭 복권 추첨하는 것 같다. 그치?"

"하하! 탁구공에 숫자가 붙어 있으니까 더 그러네요."

"예, 엄마. 눈 감고 탁구공 하나만 집을게요. 엄마도 눈 감고 고르세요."

"실눈 뜨면 안 돼. 다 골랐으면 동시에 앞으로 내

미는 거다. 하나, 둘, 셋!"

"어디 봐요. 엄마는 2고 저는 9니까 제가 더 크죠? 엄마, 한 자리 수는 너무 쉬우니까 탁구공 2개를 골라서 해봐요."

"그럴까? 한 자리 수는 시시하다니, 중현이 실력이 많이 늘었네."

활동 ❷
두 자리 수의 크기 비교하기
(큰 수 만들기)

"이번에는 탁구공 두 개를 한꺼번에 잡으면 되죠? 어떤 숫자의 공이 잡힐까요?"

"하나, 둘, 셋. 짜잔. 엄마는 51이야. 중현이는?"

"저는 30이요."

"중현아, 일의 자리 수와 십의 자리 수를 바꿔 들었어. 지금은 30이 아니라 03이다."

"아, 그렇게 보여요? 그럼 다시 들게요. 일의 자리 수와 십의 자리 수가 바뀌니까 전혀 다른 수가 되네요."

"오호호, 이번에도 엄마가 이길 것 같은걸. 엄마는 십의 자리 수가 9야."

"길고 짧은 건 대봐야 알아요. 하나, 둘, 셋 하면 제 공을 보여드릴게요."

"하나, 둘, 셋."

"엄마 어떡하죠? 전 99예요."

"엄마, 이렇게 하면 30 맞죠?"

"응, 그래. 엄마는 51이니까 30보다 크지? 엄마의 승."

"99야? 엄마는 93이라서 당연히 이길 줄 알았는데 6 차이로 중현이 수가 더 크네. 정말 길고 짧은 건 대봐야 아는구나."

"엄마, 이번에도 내 수가 1로 더 커요. 엄마는 5이죠?"

"탁구공 고르는 실력이 대단한걸. 안 되겠다. 이번엔 작은 수 만들기 시합하자."

활동 ❸
두 자리 수의 크기 비교하기
(작은 수 만들기)

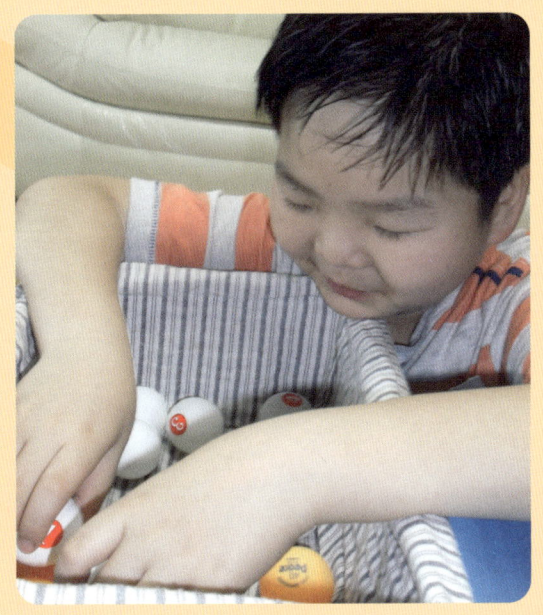

"전 67이에요. 아!"

"그렇게 안타까워? 중현이 표정이 정말 재밌다. 또 한 번 할까?"

"숫자 9와 1이 붙은 공을 잡았을 때, 91을 만들면 큰 수고 19를 만들면 작은 수가 되죠? 이번엔 어떤 공이 잡힐까요? 두구두구두구."

"엄마는 2하고 8이라서 28을 만들었어. 중현이는?"

"헤헤헤, 엄마 전 16이에요. 엄마는 20이네요. 제가 4 차이로 이겼어요."

"그러게. 02는 두 자리 수가 아니라서 어쩔 수 없이 20을 만들었어."

"예! 수학놀이는 언제까지고 즐거울 것 같아요."

"엄마는 10, 저는 12예요. 에이, 겨우 2 차이로 졌네요."

"어때? 숫자를 가지고 어떻게 만드느냐에 따라서 큰 수도 되고 작은 수도 되지? 두 자리 수는 십의 자리 수를 먼저 비교해서 수의 크기를 비교한다는 걸 알았을 거야. 나중엔 수 카드 여러 장 가지고 아주 큰 수 만들기 시합하자."

6. 두 수의 차는?

놀이의 목표 ▶ 수 맞히기와 수 가르기 놀이를 하면서 뺄셈의 원리를 이해하기
놀이 준비물 ▶ 숫자가 적혀 있지 않은 종이 카드 20여 장, 매직펜

활동 ❶
한 자리 수끼리의 뺄셈

"중현아, 수 맞히기 놀이 할까?"

"어떻게 하는 거예요?"

"혼자만 알 수 있게 카드에 숫자를 쓰고 상대방에게 힌트를 주는 거지."

"일단 한 자리 수부터 할까요? 저 다 썼어요."

"엄마도 다 썼어. 먼저 중현이가 힌트 줄래?"

"제가 쓴 수는 5보다는 크고 10보다는 작아요."

"5에 가까워? 아님 10에 가까워?"

"10에 가깝습니다. 한 자리 수 중에 제일 큰 수입니다."

"그럼 9지?"

"딩동댕. 중현이가 쓴 수는 9입니다. 다음은 엄마 차례예요."

"엄마가 쓴 수는 5와 2로 가를 수 있습니다. 10이 되려면 3을 더해야 합니다."

"그럼 7이에요. 맞죠?"

"맞아. 잘했어. 그럼 9와 7은 얼마나 차이 나는지 볼까?"

"2차이 나죠. 7에 2를 더하면 9가 되잖아요."

"그래 맞았어. 그래서 더하기와 빼기는 친구 사이야."

"엄마. 이번에 내가 쓴 수는요, 1과 5 사이의 수인데요. 1보다 2 큰 수고, 5보다 2 작은 수예요."

"3이구나. 그치?"

"이번에도 딩동댕. 3입니다."

"엄마는 5 다음 수야. 10이 되려면 4가 더 필요하구. 이 정도면 알겠지?"

"당연히 알죠. 6이에요."

"그럼 이 두 수의 차는?"

"3이요. 너무 쉬워요, 엄마. 조금 더 큰 수

"로 해요."

"그럼 두 자리 수로 넘어가자."

활동 ❷
수 가르기를 이용한 두 자리 수끼리의 뺄셈

"엄마, 제가 쓴 수 힌트를 줄게요. 10보다는 7이 크고요. 20이 되려면 3이 부족한 수예요."

"알겠다. 17이구나. 그렇지?"

"예, 맞혔어요. 엄마가 쓴 수는요?"

"30이 되려면 7이 부족한 수야. 그러니까 30보다 7 작은 수지."

"그럼 23이겠네요."

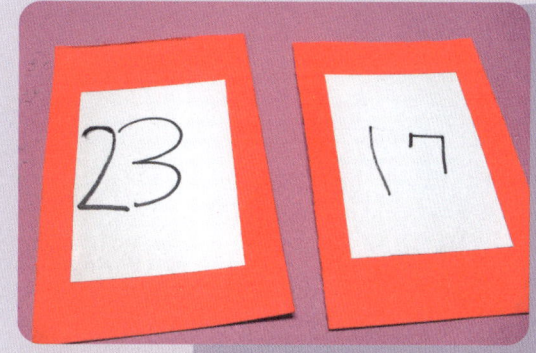

"맞아. 그럼 23이랑 17의 차도 금방 알겠네. 23-17은 얼마지?"

"6이에요."

"어떻게 금방 6인 걸 알았어?"

"23은 20이랑 3으로 가를 수 있잖아요. 그래서 일단 20-17을 하니까 3이죠? 그리고 원래 3이 있었으니까 3+3은 6이잖아요. 그래서 6이에요."

"와! 이제 중현이가 머릿속에서 수 가르기를 하는구나. 잘했어."

"엄마 이번에는 좀 큰 수를 쓸 거예요. 보지 마세요."

"그래 안 볼게. 엄마도 좀 큰 수를 쓸까?"

"엄마, 제가 쓴 수는요. 80보다 4가 크고요. 90이 되려면 6을 더해야 해요."

"그럼 84겠네. 엄마는 60이 되려면 3이 부족한 수야."

"그럼 57이죠? 저 잘하죠?"

"정말 잘한다, 중현아. 그럼 84와 57의 차는 얼마일까?"

"84-57을 하라는 거죠? 57을 60으로 바꾸고, 84에서 60을 빼면 24죠? 60은 57보다 3이 큰 수니까 더하기 3을 해 주면 27이 돼요."

"엄마는 84를 80과 4로 가르고 80에서 57을 뺄게. 그럼 23이지? 남아 있던 4를 더하면 27이 돼. 중현이랑 엄마가 조금 다른 방법으로 풀었다 그치? 마지막으로 하나만 더 해보자. 엄마 카드는 30보다 1작은 수입니다."

"엄마. 그럼 29네요. 저는 55보다 1 큰 수예요."

"그럼 56이야?"

"예, 맞아요."

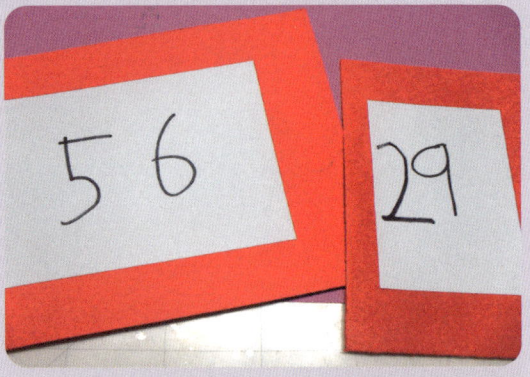

"이 두 수의 차는?"

"56을 50과 6으로 가르고 50에서 29를 빼면 21인데, 남은 6을 더하면 27이에요."

"그래 수 가르기로 덧셈과 뺄셈을 하니까 아무리 큰 수라도 쉽게 계산을 할 수 있어서 좋다. 그 과정을 즐기는 중현이가 기특하고. 이젠 곱셈, 나눗셈 놀이를 해야겠는걸."

"좋지요, 엄마."

이제 직접 수학놀이를 해보세요. 엄마와 함께 놀면서 수학을 접하면 수학이 더욱 재밌어진답니다.